SPANISH INTRO

An Introductory Course to Spanish

BY JULIETA ROWLES

SPANISH INTRO

An Introductory Course to Spanish

By Julieta Rowles

CR Languages LLC
2020

Copyright © 2020 by CR Languages LLC

All rights reserved. This book or any portion thereof may not be reproduced or used in any manner whatsoever without the express written permission of the publisher except for the use of brief quotations in a book review or scholarly journal.

First Printing: 2020

ISBN 978-1-7352792-0-6

CR Languages LLC
1655 W. Fairview Ave., Ste. 117
Boise, Idaho 83702

www.crlanguages.com

Ordering Information:

Special discounts are available on quantity purchases by corporations, associations, educators, and others. For details, contact the publisher at info@crlanguages.com.

U.S. trade bookstores and wholesalers: Please contact CR Languages LLC, Tel: (208) 867-8011, or email info@crlanguages.com.

This book is dedicated to my two children, Jude and Lola,
for the immense happiness they bring me.

A NOTE FROM THE AUTHOR xi

EXPRESIONES ÚTILES xiii

PARTE 1 1

Pronunciación 1
    Las vocales
    Las consonantes

Género (masculino y femenino) y número (singular y plural) 2

Plural 3

Pronombres personales 5

Verbo ser 5
    Singular
    Plural

Adjetivos 8

REPASO 12

PARTE 2 13

Quién/Quiénes 13

De Dónde 14

Presentar 17

Artículo indefinido 18

Adjetivos posesivos - Singular 19

Verbo llamarse 24

REPASO 26

PARTE 3 29

Verbos como trabajar 29
    Verbos terminados en 'ar' como trabajar.

Verbo estar 35
    Con adjetivos
    Con lugar

Verbo tener	38
REPASO	40

PARTE 4 43

Verbos como comer	44
Verbos terminados en 'er' como comer.	
Verbos como escribir	48
Verbos terminados en 'ir' como escribir.	
El cuerpo humano	52
Adjetivos calificativos	53
Preposiciones de lugar	59
Verbo hacer	62
REPASO	65

PARTE 5 67

Verbo ir	67
Ir + verbo en infinitivo = futuro	67
Adjetivos posesivos: Plural	69
Adjetivos demostrativos	73
Masculino singular y plural	
Femenino singular y plural	
La ropa	76
Preposiciones de lugar + hay (haber)	79
¿Cuánto, cuántos, cuánta o cuántas?	
REPASO	88

PARTE 6 89

Verbo llegar	89
Verbo salir	90
Verbo venir	92
Verbo volver	93

¿Qué hora es?... 96
    Expresiones con la hora.

Para pedir información... 100

Tener + que + infinitivo: obligación......................... 101

Verbo poder... 102

Verbo saber... 103

Tiempo libre.. 106
    ¿Qué haces en tu tiempo libre?

Verbos irregulares como jugar................................. 109

Cuál/Cuáles.. 110

Verbo gustar... 112

También y tampoco... 115

Mucho/poco... 118

Bien/bueno/malo/mal.. 119
    Bueno/Buenos/Buena/Buenas
    Buen
    Bien
    Malo/Malos/Mala/Malas
    Mal (adjetivo)
    Mal (adverbio)

Posesivos largos... 124
    Mío, mía, míos, mías. (YO)
    Tuyo, tuya, tuyos, tuyas. (TÚ)
    Suyo, suya, suyos, suyas. (ÉL, ELLA, USTED)
    Nuestro, nuestra, nuestros, nuestras. (NOSOTROS, NOSOTRAS)
    Suyo, suya, suyos, suyas. (USTEDES, ELLOS, ELLAS)

Verbos saber y conocer... 125
    Saber + Información
    Conocer + A + Persona
    Conocer + Lugar

REPASO... 131

A NOTE FROM THE AUTHOR

As a language learner myself, I know how daunting it can feel to learn to speak another language. It seems like you'll never memorize all these words or sort out all of the grammar rules. And the truth is, it's very, very difficult, but you shouldn't get discouraged because that's how languages work, and that's how it is for everyone.

There is a lot of 'advice' people give about the best way to learn a language. They say you have to use flashcards to memorize, you have to immerse yourself, you have to speak, you have to listen and repeat, you need to memorize grammar rules, etc., etc. In reality, there is no one way to learn a language. We have to do all of these things, and because we all learn differently, we have to find the things that work best for us. What might work for one person, won't work for someone else. Our brains learn differently, our personalities influence our speaking, even our native culture impacts how we acquire languages.

I created this book to be adaptable. The book itself is all in Spanish to challenge you to begin thinking in Spanish, and to teach you how to effectively use a glossary! There is a downloadable glossary on our website, but there are also videos in both English and Spanish, lessons, and exercises. We're striving to make these resources cover all of the bases needed to learn Spanish proficiently.

When I was a little girl living in Buenos Aires, I attended a bilingual elementary school and we used both English and Spanish. I loved speaking English. I would read out loud and record my own voice, I took private lessons, translated anything, and sang till I lost my voice to Bon Jovi's album, *These Days*. I eventually finished school and got a job where I used English for work every day. One would think that when I moved to the United States in 2010, I would have felt pretty good about my English, but I didn't! I still felt uncomfortable in situations, and even now, I learn new things daily.

Learning a language is a life-long endeavor, for anybody! The way people speak a language changes—it can't be completely documented in a course or book. As a language learner, we have to embrace this challenge and fully understand what we're getting into. The most important thing is to never get discouraged!

EXPRESIONES ÚTILES

¿CÓMO SE DICE 'DOG' EN ESPAÑOL?

¿QUÉ SIGNIFICA 'CAT'?

NO COMPRENDO/NO ENTIENDO

¿PUEDES REPETIR?

¿PUEDES EXPLICAR OTRA VEZ?

¿PUEDES REPETIR MÁS DESPACIO?

¿ALGUNA PREGUNTA?

TAREA

VAMOS A …

HABLAR

LEER

ESCRIBIR

ESCUCHAR

COMPLETAR

EJEMPLO

EJERCICIO

EN VOZ ALTA

VOCABULARIO

CONJUGAR

CORREGIR

PALABRA

LETRA

¿COMPRENDES/COMPRENDEN?

¿TODO CLARO?

¿DUDAS?

¿LISTO?

ES LO MISMO

PARTE 1

Pronunciación

Las vocales

A   E   I   O   U

Las consonantes

B C D F G H J
K L M N Ñ P Q
R S T V W X Y
Z

CELESTE	CEBRA	CÉSPED	CENIZA
CIELO	CANCIÓN	CIMA	CICLO
CASA	CABALLO	CADENA	CAMA
COMER	COCINAR	COMA	COSA
CUNA	CUARTO	CUERPO	OCUPADO
GATO	GALA	GANAR	GANSO
GOTA	GOMA	GOL	GORDA
GUAPA	GUSTAR	GUSANO	GUACAMOLE
GEL	GEMELO	GENÉTICO	GENERAL
GIGANTE	GIRASOL	GITANO	GIMNASIO
GUERRA	JUGUETE	MANGUERA	GUERRERO
GUISO	SIGUIENTE	ALGUIEN	GUÍA
QUE	QUESO	QUEDAR	QUEMAR
QUIEN	ESQUINA	QUIETO	QUINTO

Deletrear tu nombre.

Yo deletreo mi nombre: J-U-L-I-E-T-A

Yo deletreo mi apellido: C-O-R-D-O-V-E-R-O

¿Puedes deletrear tu nombre?

¿Puedes deletrear estas palabras?

CASA	EUROPA	AUDIO	MÁQUINA
TREN	CABLE	BIOLOGÍA	GEOGRAFÍA
AUTO	PSICOLOGÍA	LITERATURA	NEURÓLOGO
ESTADOUNIDENSE	ARIES	RELOJ	FARMACIA
NOMBRE	AHORRAR	PINGÜINO	AGUJA
APELLIDO	ESPANTAPÁJAROS	OJALÁ	HIJO

Género (masculino y femenino) y número (singular y plural)

EL GATO	LOS GATOS	LA CASA	LAS CASAS
EL PERRO	LOS PERROS	LA SILLA	LAS SILLAS
EL AMIGO	LOS AMIGOS	LA PÁGINA	LAS PÁGINAS

Escribe los sustantivos en plural.

1. Ventana _____
2. Mesa _____
3. Bicicleta _____
4. Mochila _____
5. Cama _____
6. Cuadro _____
7. Brazo _____
8. Pie _____
9. Mano _____
10. Pierna _____

Reglas de género:
- ✓ Si termina en 'o', generalmente es masculino, pero hay excepciones.
- ✓ Si termina en 'a', generalmente es femenino, pero hay excepciones.
- ✓ Si termina en 'e', puede ser femenino o masculino.

Plural

EL PEZ	LOS PECES	LA VEZ	LAS VECES
EL LÁPIZ	LOS LÁPICES	LA VOZ	LAS VOCES
EL ÁRBOL	LOS ÁRBOLES	LA CANCIÓN	LAS CANCIONES
EL LEÓN	LOS LEONES	LA VERDAD	LAS VERDADES
EL LUNES	LOS LUNES	LA CRISIS	LAS CRISIS
EL MARTES	LOS MARTES	LA CUMBRE	LAS CUMBRES

Formación del plural:
- ✓ Si termina en vocal, agregamos una 's'.
- ✓ Si termina en vocal acentuada, agregamos 'es'.
- ✓ Si termina en consonante, agregamos 'es'.
- ✓ Si termina en 's', queda igual.

Escribe los sustantivos en plural.

1. Tez _____
2. Información _____
3. Escritor _____
4. Corazón _____
5. Nariz _____
6. Sol _____
7. Flor _____
8. Colibrí _____
9. Reloj _____
10. Amistad _____

Completar con: la, las, el, los

1. _____ autos
2. _____ libro
3. _____ libertades
4. _____ tigre
5. _____ llave
6. _____ botas
7. _____ coche
8. _____ terrazas
9. _____ comida
10. _____ problema
11. _____ clima
12. _____ día
13. _____ idioma
14. _____ sistema
15. _____ casa
16. _____ mesa
17. _____ canciones
18. _____ hombres
19. _____ niño
20. _____ gatos
21. _____ ciudad
22. _____ país
23. _____ clima
24. _____ problemas

Pronombres personales

YO	MASCULINO/FEMENINO
TÚ	MASCULINO/FEMENINO
ÉL	MASCULINO
ELLA	FEMENINO
USTED	MASCULINO/FEMENINO
NOSOTRAS	FEMENINO
NOSOTROS	MASCULINO/FEMENINO
USTEDES	MASCULINO/FEMENINO
ELLAS	FEMENINO
ELLOS	MASCULINO/FEMENINO

Verbo ser

YO	SOY
TÚ	ERES
ÉL	ES
ELLA	ES
USTED	ES
NOSOTRAS	SOMOS
NOSOTROS	SOMOS
USTEDES	SON
ELLAS	SON
ELLOS	SON

Singular

Yo soy argentina.
Tú eres americano.
Ella es americana.
Él es americano.
Usted es francés.

> En español escribimos las nacionalidades en minúscula.
> Yo soy ~~Argentina~~ argentina.

Plural

Nosotros somos italianos.
Nosotras somos italianas.
Ustedes son alemanas.
Ellos son australianos.
Ellas son colombianas.

Completar.

1. Yo _____ boliviana.

2. Tú _____ mexicana.

3. Ella _____ española.

4. Marta _____ venezolana.

5. Oscar _____ paraguayo.

6. Él _____ chileno.

7. El señor _____ peruano.

8. La señora _____ ecuatoriana.

9. Nosotros _____ panameños.

10. Martín y yo _____ franceses.

11. Nosotras _____ chinas.

12. Ustedes _____ holandeses.

13. Tú y Mercedes _____ japoneses.

14. Ellos _____ suizos.

15. Ellas _____ suecas.

16. Carmen y Luis _____ portugueses.

Completar como el ejemplo.

Ejemplo: Mónica, peruana.   Ella es Mónica, es peruana.

1. Juan y Pablo, españoles   _____

2. Roger, americano   _____

3. Jane, australiana   _____

4. Paolo y Gina, italianos   _____

5. Diego, argentino   _____

6. Hans y Margit, austríacos   _____

7. Marta, colombiana   _____

Completar con el verbo 'ser'

1. Yo _____ argentina.
2. Tú _____ profesor.
3. Oscar _____ gracioso.
4. María _____ mexicana.
5. Nosotros _____ alemanes.
6. Ustedes _____ actores.
7. Ellos _____ italianos.
8. Él _____ mi padre.
9. Pablo _____ muy buena persona.
10. Mis abuelos _____ viejos.
11. Ana y yo _____ estudiantes de historia.
12. ¿Tú _____ amiga de José?
13. Yo _____ la mamá de Karina.

> Usamos el verbo ser:
> ✔ Nacionalidad
> ✔ Nombre
> ✔ Profesión u ocupación
> ✔ Relaciones
> ✔ Descripción de una persona o cosa

Adjetivos

Femenino Singular

La casa blanca
La mujer linda
La camisa negra

Femenino Plural

Las casas blancas
Las mujeres lindas
Las camisas negras

Masculino Singular	**Masculino Plural**
El coche blanco	Los coches blancos
El hombre lindo	Los hombres lindos
El pantalón negro	Los pantalones negros

Adjetivos:
- ✓ Terminados en 'o' tienen 4 terminaciones posibles (por ejemplo: blanco, blanca, blancos, blancas).
- ✓ Terminados en 'e' o en consonante tienen 2 terminaciones posibles (por ejemplo: amable, ambles; marrón, marrones)
- ✓ Gentilicios. Los más difíciles son:
  alemán/alemana/alemanes/alemanas
  japonés/japonesa/japoneses/japonesas
  francés/francesa/franceses/francesas, etc.

Armar oraciones como en el ejemplo.

Ejemplo: casa/linda   La casa es linda.

1. Caballo/ pequeño   _____
2. Apartamentos/ modernos _____
3. Zapatos/ marrones   _____
4. Madre/ joven   _____
5. Padre/ morocho   _____
6. Libros/ interesantes _____

7. Clases/ aburridas _____

8. Estudiantes /responsables _____

9. Vecina / amable _____

10. Deportes / peligrosos _____

11. Coche / automático _____

Escribir el plural como en el ejemplo.

Ejemplo: La casa es blanca   Las casas son blancas.

1. El sillón es negro. _____

2. La lámpara es amarilla. _____

3. La cama es verde. _____

4. El armario es marrón. _____

5. La mesa es roja. _____

6. La cortina es rosa. _____

7. La silla es naranja. _____

8. La ventana es azul. _____

9. El cuarto es celeste. _____

10. El vestido es violeta. _____

11. La maleta es pesada. _____

12. El libro es usado. _____

13. La computadora es liviana. _____

Escribe el singular o el plural de las siguientes oraciones.

1. La casa es azul. _____
2. Los niños son buenos. _____
3. El escritor es boliviano. _____
4. La chica está cansada. _____
5. Unos estudiantes son altos. _____
6. La vecina tiene una linda casa. _____
7. La ciudad grande es peligrosa. _____
8. Ellos comen unas pizzas. _____
9. Unas mujeres son de Italia. _____
10. ¿Quién es ella? _____

REPASO

1. Deletrear las siguientes palabras: AVIÓN, HELADERA, JAMÓN, GIGANTE, RECUPERAR, ZOOLÓGICO.

2. Escribe el artículo: _____ compañía, _____ edificio, _____ padre, _____ actrices, _____ escritores, _____ enfermera.

3. Escribe el singular o el plural de los siguientes sustantivos:

   La casa: _____   El pez: _____   La canción: _____

   Los escritores: _____   La actriz: _____   Las naciones: _____

   La juventud: _____   Las verdades: _____   La mujer: _____

   El análisis: _____   El martes: _____   La vez: _____

4. Escribe el pronombre personal: _____ soy, _____ es, _____ somos, _____ son, _____ eres, _____ son.

5. Yo soy american____ (f). Tú eres chilen____ (m). Juan es venezolan____ . María es bolivian____. Nosotras somos australian____. Nosotros somos aleman____ . Ustedes son colombian____ (m). Ustedes son chin____ (f). Ellos son japones____. Ellas son japones____.

6. Marcar la opción correcta en cada oración: Mónica es lindo/lindos/linda/lindas. Pablo es amable/amables. Yo soy Ana, soy muy amable/amables. Mi esposo es muy alta/altos/alto/altas. El perro es negro/negra. Los perros son blancos/blanco/blanca/blancas. Ellos son responsable/responsables.

PARTE 2

Quién/Quiénes

¿Quién es él?
Él es Lucas.
¿Quién es ella?
Ella es María.
¿Quién es usted?
Yo soy Pablo.
¿Quién eres tú?
Yo soy Luis
¿Quiénes son ustedes?
Nosotras somos Julia y Ana.
¿Quiénes son ellas?
Ellas son Mónica y Carla.
¿Quiénes son ellos?
Ellos son Ricardo y Ariel.

<u>Completar los espacios en blanco como en el ejemplo.</u>

Ejemplo: ¿Quién es ella?   *Ella es Alicia.*

1. ¿Quién _____ él?   _____ es Guillermo.

2. ¿Quiénes _____ ellos?   _____ son Felipe y Tomás.

3. ¿_____ es ella?   Ella _____ Leticia.

4. ¿_____ son ellos?   _____ son Patricio y Leandro.

5. ¿_____ es _____?   Él _____ Ricardo.

6. ¿_____ son ellas?   _____ son Marta y Ana.

7. ¿Quién _____ tú?   Yo _____ Sabina.

8. ¿_____ son ustedes?   Nosotras _____ Valeria y Soledad.

9. ¿_____ eres _____?   _____ _____ Miriam.

10. ¿_____ _____ _____? _____ _____ Paco.

De Dónde

¿De dónde eres?
Yo soy de Bolivia.
¿De dónde es él?
Él es de Ecuador.
¿De dónde es Macarena?
Macarena es de Italia.
¿De dónde es usted señor?
Yo soy de Guatemala.
¿De dónde son ustedes?
Nosotros somos de Nicaragua.
¿De dónde son Ramón y Sol?
Ellos son de Costa Rica.

<u>Completar los espacios en blanco como en el ejemplo.</u>

Ejemplo: ¿De dónde es ella?   Ella/ española

Ella es española, es de España.

1. ¿De dónde es él?   Él/ italiano

   _____

2. ¿De dónde son Esteban y Nicolás? Ellos/ argentinos

   _____

3. ¿De dónde eres?					Yo/ japonesa

4. ¿De dónde son tus amigos?			Ellos/ coreanos

5. ¿De dónde es la señora Roca?			La señora Roca/ chilena

6. ¿De dónde es señora Roca?			Yo/ chilena

7. ¿De dónde son tus padres?			Ellos/ chinos

8. ¿De dónde son las hermanas de Lili?		Ellas/ brasileñas

9. ¿De dónde es el auto?				alemán

10. ¿De dónde es la computadora?			japonesa

11. ¿De dónde es la película?			argentina

Escribir las preguntas.

1. _____
   Soy americana.

2. _____
   Somos de Puerto Rico.

3. _____
   Es Omar.

4. _____
   Son los señores Giménez.

5. _____
   Ellos son mis hermanos. Son de República Dominicana.

6. _____
   Es mi amiga Griselda.

7. _____
   Son mis primos y son cubanos.

8. _____
   El reloj es suizo.

9. _____
   El programa es americano.

10. _____
    Los vinos son chilenos.

11. _____
    Los celulares son suecos.

Presentar

Hola, mi nombre es Julián.

Hola Julián. Te presento a mi hermana Paula.

Hola Paula, mucho gusto.

Hola, mucho gusto.

Buenos días.

Hola.

Mucho gusto, yo soy Paz Martínez.

Mucho gusto, mi nombre es Sebastián Panzoti.

Buenas tardes.

Hola.

Mi nombre es Lucas y ella es mi novia Marisa.

Hola Marisa, mucho gusto. Les presento a la profesora de historia.

Hola, mucho gusto.

<u>*Escribir un diálogo como el anterior.*</u>

Artículo indefinido

Femenino Singular

Una pizza
Una chica
Una canción

Femenino Plural

Unas pizzas
Unas chicas
Unas canciones

Masculino Singular

Un coche
Un hombre
Un problema

Masculino Plural

Unos coches
Unos hombres
Unos problemas

Escribe el artículo indefinido.

1. _____ El hombre flaco
2. _____ El perro gordo
3. _____ La clase de historia
4. _____ La botella de vino
5. _____ El periódico interesante
6. _____ Los niños felices
7. _____ El actor famoso
8. _____ La ciudad pequeña
9. _____ Las tortas de chocolate
10. _____ Las ideas brillantes
11. _____ Las cervezas frías
12. _____ Las cartas de amor

Completar con: la, las, el, los, una, unas, un, unos.

1. _____ capital (f) de Argentina es Buenos Aires.

2. _____ amiga de Ana es enfermera.

3. _____ casa blanca es linda.

4. ¿Tomamos _____ café (m)?

5. Nueva York es _____ ciudad (f) más poblada de Estados Unidos.

6. Oscar es _____ hermano de María.

7. _____ amigos juegan al golf.

8. _____ amigos de Jorge juegan al golf.

9. Comemos _____ pizza.

10. Obama es _____ presidente de Estados Unidos.

11. _____ médico es una persona que trabaja en un hospital.

Adjetivos posesivos - Singular

MI nombre es Roxana.
Mi casa es grande.

TU nombre es Julio.
Tu bicicleta es azul.

SU nombre es Cristian.
Su padre es alto.

SU nombre es Camila.
Su madre es baja.

SU nombre es Oscar Martín.
Su mujer es americana.

NUESTRO apellido es Pérez.
Nuestro auto es negro.
Nuestra hija es rubia.

SU apellido es Medina.
Su sobrino es pelirrojo.

SU apellido es Rincón.
Su compañía es pequeña.

Completar con: mi, tu, su, nuestro, nuestra, su.

1. _____ auto es verde (de Juan).

2. _____ mamá es profesora de matemática (de Mónica).

3. _____ libro es nuevo (yo).

4. _____ hija es enfermera (de nosotros).

5. _____ café está sobre la mesa (tú).

6. _____ clase es en la universidad (de ustedes).

7. _____ perro está enfermo (de Juana y Carlos).

8. _____ hijo vive en Venezuela (de Víctor y yo).

> ¡Recuerda!
>
> Yo soy maestra.
> Yo soy ~~una~~ maestra.
>
> Juan es profesor.
> Juan es ~~un~~ profesor.

Completar con mi, tu, su, nuestro y nuestra

Ejemplo: YO/ madre/ profesora   *Mi madre es profesora.*

1. Yo/ padre/ ingeniero

   _____

2. Tú/ primo/ arquitecto

   _____

3. Él/ prima/ enfermera

   _____

4. Ella/ hermano/ músico.

5. Nosotros/ hijo/ estudiante.

6. Ustedes/ sobrina/ escritora.

7. Ellos/ abuelo/ mecánico.

8. María y Patricia/ tía/ médica.

9. Nosotras/ abuela/ ama de casa.

10. Yo/ tío/ abogado.

Completar los espacios con el adjetivo posesivo.

1. (yo) libro está en casa.

   _____.

2. La bicicleta de Juan es muy cara.

   _____.

3. (de nosotros) hijo es estudiante de medicina.

   _____.

4. La sobrina de Juan vive en México.

   _____.

5. El perro (de ellos) ladra todo el tiempo.

   _____.

☞ *Diálogo.*

E: Hola.
I: *Hola, ¿cómo estás?*
E: Muy bien, gracias. ¿Y tú?
I: *Muy bien.*
E: ¿Cómo te llamas?
I: *Me llamo Isabel. Y tú, ¿cómo te llamas?*
E: Me llamo Eugenia.
I: *¿De dónde eres?*
E: Yo soy argentina, ¿y tú?
I: *Yo soy de Paraguay.*
E: ¿Quién es él?

> ¡Recuerda!
> Usamos el verbo ser con:
> ✓ Ocupaciones y/o profesiones

I: *Él es un amigo. Se llama Marcos y es de Venezuela.*

E: Hola Marcos, mucho gusto.

M: *Mucho gusto.*

E: ¿De qué trabajas?

I: *Yo no trabajo, soy estudiante.*

M: *Yo trabajo. Soy veterinario.*

E: Yo soy enfermera.

Responder.

1. ¿De dónde es Eugenia?

   _____

2. ¿De dónde es Isabel?

   _____

3. ¿Cómo se llama el amigo de Isabel?

   _____

4. ¿De qué trabaja Isabel?

   _____

5. ¿De qué trabaja Marcos?

   _____

6. ¿De qué trabaja Eugenia?

   _____

Verbo llamarse

YO ME LLAMO
TÚ TE LLAMAS
ÉL SE LLAMA
ELLA SE LLAMA
USTED SE LLAMA
NOSOTROS NOS LLAMAMOS
NOSOTRAS NOS LLAMAMOS
USTEDES SE LLAMAN
ELLOS SE LLAMAN
ELLAS SE LLAMAN

> Los verbos como llamarse son verbos reflexivos.
>
> Son verbos que se conjugan como cualquier otro verbo, pero además tenemos que cambiar el pronombre reflexivo según la persona que realiza la acción como vemos en el ejemplo.

¿Cómo te llamas?
Yo me llamo Romina.
¿Cómo se llama tu padre?
Mi padre se llama Ricardo.
¿Cómo se llama tu madre?
Mi madre se llama Ana.
¿Cómo se llaman tus abuelos?
Mis abuelos se llaman Rodrigo y Sofía.
¿Cómo se llaman ustedes?
Nosotros nos llamamos Cristóbal y Joaquín.
¿Cómo se llaman ellas?
Ellas se llaman Luciana y Liliana.

¿Y tú, cómo te llamas?

_____

Completar los espacios en blanco con el verbo llamarse.

1. ¿Cómo te llamas?
   _____

2. ¿Cómo se llaman tus padres?
   _____

3. ¿Cómo se llaman tus mejores amigos?
   _____

4. ¿Cómo se llama tu abuela?
   _____

Completar los espacios en blanco con: dónde, quién, quiénes, cómo, qué.

1. ¿_____ te llamas?   Me llamo Ricardo.

2. ¿_____ es él?   Es mi amigo Pablo.

3. ¿De _____ eres?   Soy de Perú.

4. ¿De _____ trabajas?   Soy enfermera.

5. ¿_____ miras?   Miro la televisión.

6. ¿_____ se llama tu papá?   Mi papá se llama Ramón.

7. ¿_____ son ellos?   Son mis compañeros de trabajo.

8. ¿_____ trabajas?   Trabajo en un banco.

REPASO

1. ¿_____ es él?   *Es mi hermano Mariano.*

2. ¿_____ dónde eres?   *Soy de Colombia.*

3. ¿Quién es _____?   *Es mi madre.*

4. ¿Cómo te _____?   *Me llamo Kim.*

5. Mi hija es muy amable y _____ hijo es muy tímido.

6. _____ auto es importado. (de nosotros)

7. _____ a mis compañeros de clase.

8. Hola, mucho _____.

9. ¿Cómo se llama _____ hermano? (de ellos)

10. _____ clase de historia es buena. (de nosotros)

11. ¿_____ se llama tu madrina?

12. ¿_____ te llamas tú?

13. Yo soy de Perú y ustedes ¿de _____ son?

14. Ella es mi madre, se _____ Ana.

15. Ellos son mis amigos, se _____ Tomás y Eugenia.

16. ¿Usted es _____ profesor de historia?

17. _____ casa de mi hermana es enorme.

18. _____ trabajo de mi padre es aburrido.

19. ¿Cómo _____ llama, señora?

20. ¿_____ dónde es?

PARTE 3

Verbos como trabajar

TRABAJ~~AR~~

YO	TRABAJ-O
TÚ	TRABAJ-AS
ÉL/ELLA/USTED	TRABAJ-A
NOSOTROS/NOSOTRAS	TRABAJ-AMOS
USTEDES	TRABAJ-AN
ELLOS	TRABAJ-AN
ELLAS	TRABAJ-AN

Yo trabajo de lunes a viernes.

¿Tú trabajas en el hospital?

Enrique no trabaja.

Pamela trabaja 8 horas por semana.

La señora Falco trabaja el sábado.

Nosotros trabajamos en un restaurante.

Ustedes trabajan siempre.

Ellos no trabajan nunca.

<u>*Completar los espacios en blanco con el verbo trabajar.*</u>

1. Yo no _____.

2. ¿_____ Juan?

3. Mis padres _____ mucho.

4. Mi hermana _____ como secretaria.

5. Mis tíos _____ en un banco.

6. ¿De qué _____ tú?

7. Mi primo y yo _____ el fin de semana.

8. Yo _____ como voluntaria.

9. ¿_____ tus abuelos?

10. Mis sobrinos no _____, son estudiantes.

Verbos terminados en 'ar' como trabajar.

☞ *Diálogo.*

Hola, ¿hablas español?

Sí, hablo un poco. Estudio 3 veces por semana.

Yo también estudio español. ¿Dónde estudias?

Tomo clases particulares. La profesora es de Guatemala.

Yo tomo clases grupales y también converso con mis vecinos que son bolivianos. ¿*Trabajas?*

Sí, trabajo de lunes a viernes, ¿y tú?

Sí, yo también trabajo. Soy maestra.

<u>Responde las siguientes preguntas.</u>

Ejemplo: ¿De qué trabajas? (de secretario)   TRABAJAR
Trabajo de secretario.

1. ¿Qué tipo de música escuchas? (música clásica)   ESCUCHAR

   _____

2. ¿Qué miran Leo y Mateo? (la televisión)   MIRAR

   _____

3. ¿Cuándo llegan tus padres de vacaciones? (mañana) LLEGAR

   _____

4. ¿Qué toma Claudia? (un café) TOMAR

___

5. ¿Qué idioma habla Raquel? (italiano) HABLAR

___

6. ¿Qué cocinas tú? (pollo) COCINAR

___

7. ¿Con quién conversan los vecinos? (con Miguel) CONVERSAR

___

8. ¿Qué estudian ustedes? (literatura) ESTUDIAR

___

9. ¿Qué deporte practican tus hijos? (fútbol) PRACTICAR

___

10. ¿Qué compra Julián? (el pan) COMPRAR

___

11. ¿A quién besa Josefina? (a su novio) BESAR

___

12. ¿Viajan mucho tus abuelos? (sí) VIAJAR

___

13. ¿Qué pinta el pintor? (un cuadro) PINTAR

___

☞ *Vocabulario*

Un día tiene 24 horas. Una semana tiene 7 días. Un mes tiene 30 días. Un año tiene 12 meses, 365 días y 4 estaciones.

Los días de la semana:

LUNES   MARTES   MIÉRCOLES   JUEVES   VIERNES

El fin de semana:

SÁBADO   DOMINGO

Momentos del día:

Por la mañana = a la mañana
Al mediodía
Por la tarde = a la tarde
Por la noche = a la noche

Los meses:

ENERO	FEBRERO	MARZO	ABRIL
MAYO	JUNIO	JULIO	AGOSTO
SEPTIEMBRE	OCTUBRE	NOVIEMBRE	DICIEMBRE

Las estaciones:

LA PRIMAVERA   EL VERANO   EL OTOÑO   EL INVIERNO

Vocabulario. Completa.

Los meses del año son: enero, febrero, _____, _____, mayo, junio, _____, agosto, _____, octubre, noviembre y _____.

Los días de la semana son: _____, martes, _____, jueves y _____.

Sábado y domingo es _____.

Las 4 estaciones del año son: el invierno, ___ _____, el otoño y el _____.

Completar usando: a la mañana, a la tarde, a la noche, al mediodía.

1. No como mucho _____.

2. _____ me ducho.

3. _____ tomo café con leche.

4. _____ mis hijos van a la escuela.

5. _____ el sol es muy fuerte.

6. No salgo _____.

Los números:

1 uno	2 dos	3 tres	4 cuatro	5 cinco
6 seis	7 siete	8 ocho	9 nueve	10 diez
11 once	12 doce	13 trece	14 catorce	15 quince
16 dieciséis	17 diecisiete	18 dieciocho	19 diecinueve	20 veinte
21 veintiuno	22 veintidós	30 treinta	31 treinta y uno	40 cuarenta

¿Qué día es hoy?

Hoy es lunes 23 de diciembre de 2014.

¿Qué día es tu cumpleaños?

Mi cumpleaños es el 14 de febrero.

¿Cuándo es tu cumpleaños?

Mi cumpleaños es el 2 de marzo.

¿Cuándo es Navidad?

Navidad es el 25 de diciembre.

¿Cuándo es año nuevo?

Año nuevo es el 1 de enero.

¿Cuándo es el Día de Acción de Gracias?

El Día de Acción de Gracias es en noviembre.

<u>*Responde las siguientes preguntas.*</u>

1. ¿Cuándo es el cumpleaños de tu padre?
   _____

2. ¿Cuándo es feriado en tu país?
   _____

3. ¿Cuándo cocinas?
   _____

4. ¿Cuándo trabajas?
   _____

5. ¿Cuándo es Acción de Gracias este año?
   _____

6. ¿Cuándo es el Día de San Valentín?
   _____

7. ¿Cuándo es el Día de los Muertos?
   _____

Verbo estar

YO	ESTOY
TÚ	ESTÁS
ÉL/ELLA/USTED	ESTÁ
NOSOTROS/NOSOTRAS	ESTAMOS
USTEDES	ESTÁN
ELLOS	ESTÁN
ELLAS	ESTÁN

Con adjetivos

Yo estoy cansada.
Tú estás aburrido.
Néstor está triste.
Mariana está deprimida.
El Señor Mujica está ocupado.
Nosotros estamos preocupados.
Nosotras estamos contentas.
Ustedes están serios.
Ellos están callados
Ellas están ansiosas.

> ¿Recuerdas cómo conjugar el verbo ser? Yo soy, tú...etc.
>
> ¡No te olvides de repasar!

Con lugar

Yo estoy en casa.
Tú estás en la oficina.
Él está en México.
Ella está en el supermercado.
El auto está en el garaje.
Nosotros estamos en el cine.
Ustedes están en una reunión.
Ellos están en una fiesta.
Ellas están en la playa.

¿CÓMO ESTÁS?

¡Excelente!

¿CÓMO ESTÁ TU MADRE?

No está muy bien, está enferma.

¿CÓMO ESTÁN TUS ABUELOS?

Están más o menos.

¿CÓMO ESTÁ TU TÍA?

Ella está mal, está deprimida.

¿CÓMO ESTÁ TU ESPOSO?

Está muy bien.

☞ *Diálogo.*

Por teléfono

Hola, ¿cómo están tus padres?
Bien, están muy bien gracias. ¿Y cómo estás tú?
Yo estoy muy bien.
¿Dónde estás ahora?
Ahora estoy en la universidad. ¿Y tú?
Yo estoy en la cama porque estoy enferma.
¡Qué feo!

Completar los espacios en blanco con el verbo estar.

1. Ignacio _____ muy cansado.

2. Mis abuelos _____ felices con su nueva casa.

3. Yo _____ en Bogotá.

4. –¿Dónde están ustedes? – _____ en el teatro.

5. –¿_____ tú bien? – No _____ muy bien, _____ un poco triste.

6. Micaela y Leandro _____ en la oficina.

7. Mis padres no _____ en casa. _____ en una reunión.

8. –¿Dónde _____ Nicole? – No sé donde _____.

9. ¿Dónde _____ mis libros?

10. Graciela _____ interesada en trabajar en la compañía de mi padre.

11. Jorge y Andrés _____ en clase de francés.

12. Tú y yo _____ muy ocupados.

13. Yo _____ enferma, no puedo trabajar.

14. ¿Dónde _____? (tú)

Verbo tener

YO	TENGO
TÚ	TIENES
ÉL/ELLA/USTED	TIENE
NOSOTROS/NOSOTRAS	TENEMOS
USTEDES	TIENEN
ELLOS	TIENEN
ELLAS	TIENEN

Yo tengo 18 años.

Tú tienes 2 autos.

Él tiene 4 perros.

Ella tiene muchos amigos.

Nosotros tenemos mucho trabajo.

Usted tienen poco dinero.

Ellos tienen una casa en la montaña.

Yo tengo hambre.

Tú tienes sed.

Oscar tiene paciencia

Marcela tiene tiempo libre

Nosotros tenemos frío.

Usted tienen razón

Mis padres tienen calor

¿Tienes hijos?

Sí.

¿Cuántos hijos tiene?

Tengo 2 hijos.

¿Tienen hambre?

Sí, tenemos mucha hambre.

¿Cuántos años tiene?

¡No te olvides de repasar!

¿Puedes nombrar los adjetivos posesivos?

¡Atención! Tener...

✓ Años
✓ Calor
✓ Cuidado
✓ Frío
✓ Hambre
✓ Miedo
✓ Paciencia
✓ Prisa
✓ Razón
✓ Sed
✓ Sueño
✓ Suerte

Tengo 20 años.

¿Tienes tiempo libre?

Sí, tengo tiempo libre por la mañana.

<u>Completar los espacios en blanco con el verbo tener.</u>

1. ¿Cuántos años _____ (tú)?

2. _____ (yo) 35 años.

3. ¿_____ (nosotros) tiempo para tomar un café? No, no _____, es tarde.

4. ¿_____ (ellos) paciencia con los niños? Sí, _____. Trabajan con niños.

5. ¿_____ (ustedes) los libros para la clase de inglés?

6. ¿_____ (tú) frío? ¡Yo _____ calor!

7. ¡La familia García _____ 8 hijos!

8. Mi jefe _____ un coche nuevo.

9. Marcos no _____ suerte, hoy perdió su billetera.

10. ¿_____ usted hambre, Señor Ramírez?

REPASO

1. Nosotros _____ (hablar) chino muy bien.

2. Lunes, martes, miércoles, jueves y viernes son _____ de la semana.

3. Sábado y domingo es el _____.

4. Por la _____ trabajo.

5. Escribir el número en letras:

    11_____

    13_____

    16_____

    24_____

    30_____

    35_____

6. Navidad es en el mes de _____

7. La primavera comienza en _____

8. Algunos meses tienen 30 _____ y otros 31.

9. – ¿De qué _____ (trabajar/tú)?   – _____ (yo) de enfermera.

10. ¿Cuántos años _____ tus hijos?

11. ¿_____ día es hoy?

12. Completar la semana: lunes, _____, m_____, _____ y viernes.

13. ¡Nosotros _____ (tener) hambre ahora!

14. ¿_____ (tener/ustedes) sed?

15. Gloria _____ (cantar) muy mal.

16. – ¿_____ (cocinar) él?   – No, él no _____ nunca.

17. ¿_____ es tu cumpleaños?

18. ¿Cuándo _____ (entregar/nosotros) el informe?

19. _____ la mañana estoy en casa.

20. ¿Prefieres la mañana o la _____ para estudiar?

21. – ¿Dónde _____?   – En casa.

PARTE 4

☞ *Lectura*

Mi nombre es Juana. Tengo 45 años. Trabajo con mi esposo en una farmacia. Él es farmacéutico. Trabajamos 10 horas por día de lunes a sábado. No tenemos tiempo para hacer nada más.

Tengo 3 hermanas. La mayor se llama Patricia, la menor se llama Julia y la del medio se llama Victoria.

Patricia es soltera, Julia es casada y Victoria es viuda. Julia no tiene hijos y Victoria tiene 3. El esposo de Julia se llama Daniel. Él es enfermero en un hospital. Julia no trabaja.

Patricia estudia sociología en la universidad. Victoria es diseñadora de interiores.

Mis padres están retirados porque tienen más de 65 años. Pasan mucho tiempo con sus nietos y viajan mucho, 3 o 4 veces por año.

Todos los domingos comemos juntos al mediodía y a la noche.

Responder en forma completa.

1. ¿Quién escribe la historia?

   _____

2. ¿Cuántos años tiene Juana?

   _____

3. ¿Con quién trabaja?

   _____

4. ¿Cuántas horas por día trabaja?

   _____

5. ¿Cuántas hermanas tiene Juana?

   _____

6. ¿Cómo se llaman las hermanas?
   _____

7. ¿Tiene hijos Julia?
   _____

8. ¿Qué día comen todos juntos?
   _____

Verbos como comer

COM~~ER~~

YO	COM-O
TÚ	COM-ES
ÉL/ELLA/USTED	COM-E
NOSOTROS/NOSOTRAS	COM-EMOS
USTEDES	COM-EN
ELLOS	COM-EN
ELLAS	COM-EN

Completar los espacios en blanco con el verbo comer.

1. Yo no _____ carne.

2. ¿_____ con nosotros (tú)?

3. Mis padres _____ muchos dulces.

4. Mis amigos y yo _____ juntos todos los viernes.

5. Manuel _____ solo comida italiana

6. ¿Por qué _____ (ustedes) el postre antes de cenar?

7. ¿_____ (tú) con tu novia esta noche?

8. Yo tengo mucha hambre, no _____ en todo el día.

9. ¿_____ pasta esta noche (nosotros)?

10. Mis sobrinos no _____ verduras, eso no está bien.

11. ¿Siempre _____ (tú) mucho?

12. Yo _____ chocolates todo el día.

Verbos terminados en 'er' como comer.

☛ *Diálogo.*

Hola, ¿cómo estás?

Muy bien, gracias. ¿Qué haces aquí?

Siempre corro en el parque por una hora. ¿Y tú, qué haces cuando tienes tiempo libre?

Yo también corro, pero generalmente corro por la mañana porque por la tarde aprendo a jugar al tenis.

¿No tienes clase de tenis hoy?

No porque el profesor está enfermo y cancelamos la clase.

¿Estás libre ahora?

Sí, pero no por mucho tiempo.

¿Bebemos unas cervezas?

Sí, tengo media hora porque debo leer y responder unos emails.

<u>Responde las siguientes preguntas.</u>

Ejemplo: ¿Qué comen ustedes? (el postre)   COMER
   Comemos el postre.

1. ¿Qué idioma aprendes? (japonés)   APRENDER

2. ¿Qué beben Luciano y Pamela? (vino tinto)   BEBER

___

3. ¿Por qué corren tus hijos? (es tarde)   CORRER

___

4. ¿Qué lee el abuelo? (el periódico)   LEER

___

5. ¿Por qué tu abuela no responde? (es sorda)   RESPONDER

___

6. ¿Qué comes? (una torta)   COMER

___

7. ¿Por qué vendes tu moto? (necesito dinero)   VENDER

___

8. ¿Qué metes en la caja? (libros viejos)   METER

___

9. ¿Qué cose tu tía? (mi vestido)   COSER

___

10. ¿Qué cosa no comprenden los estudiantes? (la explicación)   COMPRENDER

___

11. ¿Qué prometen los niños? (no mentir)   PROMETER

___

12. ¿Qué barre la señora Mica? (las hojas de los árboles)   BARRER

___

13. ¿El niño cree que Papá Noel existe? (sí)   CREER

___

Elegir la opción correcta.

1. Yo (como/come) mucha carne.
2. Tú (tenés/tienes) 18 años.
3. ¿Quién (es/son) él?
4. ¿De dónde (está/es) tu madre?
5. ¿De qué (trabajamos/trabajan) tus hermanos?
6. Nosotros (tienen/tenemos) hambre.
7. Ana y Oscar (beben/bebemos) unas cervezas.
8. ¿Tú (aprende/aprendes) francés?
9. El profesor (habla/hablan) con los estudiantes.
10. ¿(Tienen/tiene) hijos tu primo?
11. Yo (tenga/tengo) 23 años.
12. ¿Quién (es/está) esa señora?
13. (Eres/somos) americanos.
14. Juan (es/está) cansado.
15. Mi nombre (soy/es) Julián.
16. ¿Cuándo (es/está) tu cumpleaños?

> ¡Recuerda practicar verbos terminados en ar!
> ✓ O
> ✓ AS
> ✓ A
> ✓ AMOS
> ✓ AN

Verbos como escribir

ESCRIBIR

YO	ESCRIB-O
TÚ	ESCRIB-ES
ÉL/ELLA/USTED	ESCRIB-E
NOSOTROS/NOSOTRAS	ESCRIB-IMOS
USTEDES	ESCRIB-EN
ELLOS	ESCRIB-EN
ELLAS	ESCRIB-EN

<u>*Completar los espacios en blanco con el verbo escribir.*</u>

1. ¿_____ (tú) la carta?

2. _____ (nosotros) un contrato muy importante.

3. Mis amigos siempre me _____ de España.

4. ¿_____ (ellas) un diario?

5. Raquel _____ cuentos para niños.

6. El padre de mi esposo _____ una autobiografía.

7. Estoy preocupada porque mis hijos no _____.

8. Yo soy escritora. _____ para un periódico local.

9. ¿_____ tu hija en alemán?

10. Yo _____ en lápiz para poder borrar.

Verbos terminados en 'ir' como escribir.

☞ *Diálogo.*

¿Qué haces?

Escribo un email a un amigo que vive en Madrid.

¿Es americano?

Sí, pero vive en España y yo voy a viajar a Madrid pronto.

¿Cuándo partes?

Parto en 3 semanas.

¡Qué bueno, me alegro por ti!

¡Gracias, yo estoy muy contento!

Responde las siguientes preguntas.

Ejemplo: ¿Qué escribes? (unas cartas)   ESCRIBIR
        Escribo unas cartas.

1. ¿Con quién vives? (mi familia)   VIVIR

   _____

2. ¿Qué escribe Luisa? (una carta)   ESCRIBIR

   _____

3. ¿A qué hora abre el supermercado? (a las 8)   ABRIR

   _____

4. ¿Cuándo parten tus padres? (en una semana)   PARTIR

   _____

5. ¿Qué reciben en el correo ustedes? (revistas)   RECIBIR

   _____

6. ¿Subes por el ascensor? (por las escaleras) SUBIR

___

7. ¿Qué imprimes? (los informes) IMPRIMIR

___

8. ¿A quién aplaude el público? (al cantante) APLAUDIR

___

9. ¿Con quién comparten la casa? (con un compañero de trabajo) COMPARTIR

___

10. ¿Qué cubre Liliana? (la torta) CUBRIR

___

11. ¿Dividimos la cuenta? (si, entre todos) DIVIDIR

___

12. ¿Qué palabras confundes? (casa y caza) CONFUNDIR

___

13. ¿Qué añade Omar al postre? (chocolate) AÑADIR

___

Completar los espacios en blanco: verbos regulares y verbos: ser, estar y tener.

1. Hola, mi nombre _____ (ser) Rosa y _____ (tener) 18 años.

2. Mis hermanos _____ (trabajar) juntos.

3. ¿_____ (tú/tener) hambre?

4. Nosotros _____ (tener) 2 perros y 3 gatos.

5. ¿Ustedes _____ (aprender) inglés en un instituto?

6. Juan y Mónica _____ (ser) chilenos, pero _____ (vivir) en Bolivia.

7. ¿De dónde _____ (ser) tu padre?

8. Pablo _____ (estar) muy cansado.

9. ¿Quiénes _____ (ser) esas personas?

10. Yo _____ (trabajar) de lunes a viernes.

> ¡Recuerda practicar verbos terminados en ar y en er!
>
> | | ar | er |
> |---|---|---|
> | ✓ | O | O |
> | ✓ | AS | ES |
> | ✓ | A | E |
> | ✓ | AMOS | EMOS |
> | ✓ | AN | EN |

El cuerpo humano

1. El pelo/el cabello	10. La frente	19. La cola/el trasero
2. Los ojos	11. La oreja	20. La cara
3. La boca	12. La pierna	21. El tobillo
4. El cuello	13. La rodilla	22. El talón
5. El brazo	14. El pie	23. El codo
6. La mano	15. Los dedos	24. La muñeca
7. El pecho	16. Los dedos del pie	25. La mejilla
8. El hombro	17. La garganta	26. La barbilla/el mentón
9. La nariz	18. La cintura	

Adjetivos calificativos

TENER…	
los ojos	Azules, verdes, marrones, celestes
	Grandes, pequeños, medianos
el pelo	Castaño, rubio, morocho, pelirrojo
	Lacio, ondulado, rizado, largo, corto
la nariz	Grande, pequeña, mediana
la boca	Grande, pequeña, mediana

¿Cómo es tu esposo físicamente?

Mi esposo es ALTO, RUBIO, DELGADO Y MUSCULOSO.

¿Cómo es la personalidad de tu esposo?

Mi esposo es SERIO, AMABLE Y SINCERO.

¿Cómo es tu esposa físicamente?

Mi esposa es BAJA, TIENE EL PELO RUBIO Y TIENE LOS OJOS AZULES.

¿Cómo es la personalidad de tu esposa?

Mi mujer es SIMPÁTICA, BUENA Y RESPONSABLE.

Mi marido es…	Mi mujer es…
LINDO	LINDA
BUENO	BUENA
ALTO	ALTA
BAJO	BAJA
GORDO	GORDA
FLACO	FLACA
RUBIO	RUBIA
DELGADO	DELGADA
MOROCHO	MOROCHA
GRACIOSO	GRACIOSA
GUAPO	GUAPA
SIMPÁTICO	SIMPATICA
ANTIPÁTICO	ANTIPÁTICA
RESPONSABLE	
INTELIGENTE	
AMABLE	
AGRADABLE	

Responde las siguientes preguntas.

1. ¿Cómo es tu esposo/esposa/novio/novia físicamente?

   _____

   _____

2. ¿Cómo eres tú físicamente?

   _____

   _____

3. ¿Cómo es la personalidad de tu esposo/esposa/novio/novia?

_____

_____

4. ¿Cómo es tu personalidad?

_____

_____

Elegir la opción correcta.

1. La casa es (grande/grandes).

2. Mi hija es (inteligente/inteligentes).

3. La gente es (amable/amables).

4. Cristina es (mexicana/mexicano).

5. José es (americana/americano).

6. Los chicos son (bueno/buenos).

7. Los gatos son (blanco/blancos).

8. Él es mi (hija/hijo).

9. Ella es mi (hermana/hermano).

10. Los americanos son (simpáticos/simpáticas)

Escribir preguntas con: quién, qué, dónde, cómo. Una con cada pronombre.

1. _____
2. _____
3. _____
4. _____

Escribe un texto hablando de ti mismo/a: nombre, trabajo, soltero, casado, hijos, origen.

_____
_____
_____
_____
_____
_____
_____
_____
_____
_____
_____

Armar oraciones con el siguiente vocabulario:

Adjetivo posesivo	La familia	Verbo	Personalidad	Cuerpo	Profesión
Mi	Espos o/a	Ser	Inteligente	Pelo	Profesor/a
Mi	Hijo/a	Tener	Bueno/a	Alto/a	Enfermero/a
Tu	Abuelo/a	Estar	Gracioso/a	Gordo/a	Abogado/a
Su	Nieto/a	Trabajar	Responsable	Flaco	Secretario/a
Nuestro	Sobrino/a		Irresponsable	Rubio/a	Asistente
Nuestra	Tío/a		Amable	Morocho/a	Médico/a
Su	Cuñado/a		Agradable	Lindo/a	Maestro/a
Su	Suegro/a			Ojos	Plomero/a

Ejemplo: Mi esposo es inteligente. Tiene los ojos azules, tiene el pelo rubio (es rubio). Es flaco, pero no muy flaco. Trabaja como profesor de inglés (es profesor de inglés).

Responde las siguientes preguntas en la primera persona del singular (yo) en forma completa.

1. ¿Lees el periódico todos los días?
   _____.

2. ¿Viajas mucho?
   _____.

3. ¿Con quién vives?
   _____.

4. ¿Cómo estás hoy?
   _____.

5. ¿Cuándo es tu cumpleaños? (día y mes)
   _____.

6. ¿Cómo es tu esposo/a?
   _____.

7. ¿Tienes perros?
   _____.

8. ¿Cuántos años tiene tu hijo/a/nieto/a?
   _____.

9. ¿Qué haces los lunes?
   _____.

10. ¿Tienes ojos azules?
    _____.

¡Recuerda repasar!

¿Puedes completar los espacios en blanco?

Ser

- ✓ Yo_____
- ✓ Nosotros_____
- ✓ Tú_____
- ✓ Ustedes_____
- ✓ Él _____

Preposiciones de lugar

☞ *Vocabulario*

¿Dónde está la rana?

> ¡Recuerda que usamos el verbo 'estar' con la posición o ubicación de personas o cosas!

1. La rana está sobre la caja o la rana está arriba de la caja.
2. La rana está en la caja.
3. La rana está entre las cajas.
4. La rana está detrás de la caja o la rana está atrás de la caja.
5. La rana está debajo de la caja o la rana está abajo de la caja.
6. La rana está delante de la caja o la rana está adelante de la caja.
7. La rana está al lado de la caja.

Completar los espacios en blanco con la preposición que corresponda.

1. Los anteojos están _____ la caja.

2. Los auriculares están _____ la caja.

3. Los patitos están _____ las cajas.

4. La piña está _____ la caja.

5. El libro está _____ la caja.

6. La pelota está _____ la caja.

7. El cactus está _____ la caja.

Armar oraciones con el vocabulario dado.

1. Yo/ casa/ estar/ un supermercado/una iglesia (between)

   _____.

2. El plato/ estar/ la mesa (on)

   _____.

3. Las fotos/ estar/ el cajón (in)

   _____.

4. Juan/ estar/ del auto (behind)

   _____.

5. Marta/ estar/ Cristina (next to)

   _____.

6. El gato/ estar/ la mesa (under)

   _____.

7. El hombre/ estar/ María (in front of)

   _____.

Verbo hacer

YO	HAGO
TÚ	HACES
ÉL/ELLA/USTED	HACE
NOSOTROS/NOSOTRAS	HACEMOS
USTEDES	HACEN
ELLOS	HACEN
ELLAS	HACEN

¿Qué haces los lunes?

Los lunes estudio.

¿Qué haces por la mañana?

Por la mañana leo el periódico.

¿Qué hace Marcelo el fin de semana?

Marcelo come con su familia.

¿Qué hace Marcelo los fines de semana?

Marcelo escucha música.

¿Qué hacen tus padres los viernes por la noche?

Los viernes por la noche mis padres miran la televisión.

¿Cuándo hacen la tarea de español?

Hacemos la tarea de español por la tarde.

¿Cuándo hacen las compras?

Hacemos las compras los domingos.

¿Hacemos algo mañana?

Mañana no puedo hacer nada, no tengo tiempo.

Marcar en el calendario las actividades de Teresa.

	Lunes	Martes	Miércoles	Jueves	Viernes	Sábado	Domingo
8:00							
9:00							
10:00							
11:00							
12:00							
1:00							
2:00							
3:00							
4:00							
5:00							
6:00							
7:00							
8:00							
9:00							

Yo trabajo 3 veces por semana: lunes, miércoles y viernes de 9.30 a 2 de la tarde.

Los martes por la mañana hago yoga de 10 a 11 y después almuerzo con mi padre a las 12.

Los miércoles después de trabajar no hago nada. Generalmente hago las compras en el supermercado.

Los viernes a las 4 tengo clase de francés. La clase es de 2 horas. Casi todos los viernes ceno con mis amigas. Es una tradición, yo cocino la cena y ellas hacen el postre.

El fin de semana juego al golf por la tarde. Por la mañana limpio mi casa y lavo la ropa.

Los jueves por la noche voy a visitar a mi abuela María, cenamos temprano porque ella es muy viejita. Tiene 97 años. Usualmente comemos a las 7.

Responder las preguntas usando el verbo 'hacer'

1. ¿Cuándo haces la tarea de español?
   _____

2. ¿Haces la cama todos los días?
   _____

3. ¿Haces gimnasia?
   _____

4. ¿Haces algo especial para tu cumpleaños?
   _____

5. ¿Haces favores a tus amigos?
   _____

REPASO

1. ¿_____ (comer) carne o eres vegetariana?

2. Mi casa está _____ un supermercado y una estación de servicio.

3. _____ (aprender/yo) italiano para viajar.

4. ¿_____ (ellos) en esta ciudad?

5. Si tienes manos grandes tienes _____ grandes también.

6. ¿Qué _____ (hacer/nosotros) esta noche?

7. ¿_____ (abrir/tú) la ventana, por favor?

8. Los vasos están _____ la mesa.

9. Mamá, ¿dónde está el gato? _____ la cama seguramente.

10. Mi hijo es moroch_____ y muy flac_____. En cambio, mi hija es rubi_____ y robust_____.

11. Mi amiga Rosa es muy tranquil_____ y responsabl_____.

12. Las piernas de Luciano son flac_____ y larg_____.

13. Estoy _____ México por una semana.

14. En una fila siempre hay una persona _____ y otra _____.

15. ¿Dónde está el niño? El niño está _____ de su madre.

PARTE 5

Verbo ir

YO	VOY
TÚ	VAS
ÉL/ELLA/USTED	VA
NOSOTROS/NOSOTRAS	VAMOS
USTEDES	VAN
ELLOS	VAN
ELLAS	VAN

IR + A LA CASA (A + LA + LUGAR femenino singular)

IR + AL CINE (AL + LUGAR masculino singular)

IR

Yo voy a clase.

Tú vas al supermercado.

Inés va al club.

Nosotros vamos al cine.

¿Ustedes van con Víctor?

Ellos van más tarde.

IRSE

Yo me voy a las 4.

Tú te vas a tu casa.

Pablo se va de viaje.

Ignacio y yo nos vamos mañana.

¿Se van ahora?

Nos vamos más tarde.

Ir + verbo en infinitivo = futuro

Yo voy a comer.

Tú vas a ir a la universidad.

Ella va a ir a jugar al golf.

Nosotros vamos a ir a Costa Rica.

Ustedes van a cenar afuera.

Ellos van a dormir temprano.

> ¿Recuerdas el verbo 'llamarse'?
>
> ¡Es como irse!

Completar los espacios en blanco con el verbo 'ir'.

1. Yo _____ contigo.

2. ¿_____ a la fiesta, tú?

3. Nosotros _____ a ir en una hora.

4. Arturo _____ a tomar una clase de japonés.

5. Los hijos de Carla _____ a estudiar en Brasil por un año.

6. ¿Ustedes _____ a Italia en marzo?

7. Nosotros _____ a vivir en México por un año.

8. Yo no _____ a la reunión porque estoy enferma.

9. Hoy _____ a cenar a la casa de mis abuelos (nosotros).

10. _____ (yo) a visitarte el lunes.

Responder las siguientes preguntas.

1. ¿Qué haces los lunes? (tener clase de francés)
   _____

2. ¿Qué vas a hacer mañana? (cenar con mis padres)
   _____

3. ¿Qué hacen el martes? (viajar a México)
   _____

4. ¿Qué hacen Mariano e Ignacio el miércoles? (tener entrenamiento)
   _____

5. ¿Qué va a hacer el señor Martelli el viernes por la mañana? (tener una reunión)
   _____

6. ¿Qué hacen tus hijos los viernes por la noche? (salir a bailar)
   _____

7. ¿Qué haces el próximo fin de semana? (hacer una fiesta)
   _____

8. ¿Qué hace tu familia los domingos por la mañana? (desayunar juntos)
   _____

9. ¿Qué hacemos esta tarde? (ir al cine)
   _____

10. ¿Qué vamos a hacer mañana por la tarde? (comprar ropa)
    _____

Adjetivos posesivos: Plural

MIS hijos estudian medicina.
Mis ideas son buenas.

TUS camisas están listas.
Tus vestidos son muy lindos.

SUS problemas no tienen solución.
Sus libros están sobre la mesa.
Sus profesores son muy estrictos.
Sus amigos están cansados.
Sus padres están de viaje.
Sus clases están canceladas.

NUESTROS proyectos están aprobados.
Nuestros ahorros están en el banco.
NUESTRAS casas están en venta.

SUS vecinos son amables.
Sus perros ladran todo el día.
Sus compañeros de trabajo son muy competitivos.
Sus llaves están en el cajón.

Completar los espacios en blanco con el adjetivo posesivo que corresponda.

Ejemplo: Es la casa de Miguel.   *Es su casa.*
          Es (yo) mapa.   *Es mi mapa.*

1. Es el auto de Rita. _____
2. Son los anteojos del abuelo. _____
3. Es el hijo de Ramiro y Abril. _____
4. Es la bicicleta de Jacinto. _____
5. Son (yo) libros de historia. _____
6. Son las primas de nosotros. _____
7. Son los coches de nosotros. _____
8. Son las vacaciones (yo). _____
9. Es dinero (tú). _____
10. Son responsabilidades (tú). _____
11. Son las llaves de ustedes. _____
12. Es la billetera de mi padre. _____
13. Es la chaqueta de Mónica. _____
14. Es el periódico de ellos. _____
15. Es la revista de nosotros. _____
16. Son las flores (yo). _____
17. Es el reloj de Beatriz. _____

18. Es el perfume de mamá. _____

19. Es la mascota de Romina y Pato. _____

20. Es el aniversario de los abuelos. _____

Completar los espacios en blanco con el verbo 'ir'.

1. Yo _____ a tu casa más tarde.

2. ¿Tú _____ con ellos?

3. Oscar _____ al teatro.

4. Leticia y yo _____ en autobús.

5. Jimena _____ con sus padres.

6. Los chicos _____ al colegio.

7. Ramón, ¿_____ a clase hoy?

8. ¿Tus hijos _____ al cine esta noche?

9. ¿_____ (nosotros) al club este fin de semana?

10. _____ (yo) a la universidad.

Completar como en el ejemplo.

Ejemplo: ¿Adónde vas a ir más tarde? (ir al supermercado)
Más tarde voy a ir al supermercado.

1. ¿Adónde van Jorge y Marcos? (jugar al fútbol)

   _____

2. ¿A quién van a visitar mañana? (a los tíos)

   _____

3. ¿Dónde vas a estar la semana próxima? (en Canadá)
   _____

4. ¿Qué va a comprar Tomás el miércoles? (una casa)
   _____

5. ¿Dónde vas a estar después de clase? (en el bar)
   _____

6. ¿Qué van a comprar a Georgina para su cumpleaños? (un vestido)
   _____

7. ¿Vas a cocinar esta noche? (no)
   _____

8. ¿Ustedes van a pescar este fin de semana? (sí)
   _____

9. ¿Ricardo va a vender su casa el mes próximo? (no)
   _____

10. ¿Vas a viajar con tu familia a Ecuador? (sí)
    _____

Adjetivos demostrativos

Masculino singular y plural

Este regalo

Estos regalos

Ese regalo

Esos regalos

Aquel regalo

Aquellos regalos

Elegir la respuesta correcta.

1. _____ hombre es mi papa. (Esto/este/ eso)

2. _____ regalos son para los niños. (aquellos/este/ese)

3. ¿_____ (este/aquellos/esos) es tu auto nuevo?

4. ¡_____ (estos/esos/ese) libro es genial!

5. ¿_____ (este/aquello/esos) es tu número de teléfono?

Femenino singular y plural

Esta botella

Estas botellas

Esa botella

Esas botellas

Aquella botella

Aquellas botellas

Elegir la respuesta correcta.

1. _____ es mi casa. (aquel/este/esta)

2. _____ es el auto de Esteban. (ese/esa/aquella)

3. _____ es la comida para el cumpleaños de Florencia. (aquel/este/esta)

4. ¿_____ son tus libros? (aquellas/ aquel/estos)

5. Mi novio me regala _____ flores. (estas/aquellos/esos)

6. ¿Son _____ los documentos del caso García? (esas/ aquel/estos)

7. Quiero _____ pedazo de torta, el más grande. (ese/esta/aquella)

8. Queremos comprar _____ camisas blancas. (aquellos/ estos/estas)

9. Vamos a vivir en _____ país por 2 años. (este/aquello/esa)

10. _____ no es mi computadora, _____ es la de Caro. (ese/aquellas/esa)

Completar como en el ejemplo.

Ejemplo: ¿De quién es este sombrero? (este/esta/esa)   de José
Este es su sombrero.

1. ¿De quién es _____ pantalón? (este/esta/esos)   de Micaela
   _____

2. ¿De quién son _____ camisas? (eses/esas/esa)   yo
   _____

3. ¿De quién es _____ corbata? (estas/esta/esas)   de papá
   _____

4. ¿De quién es _____ blusa? (esa/aquel/estas)   tú
   _____

5. ¿De quiénes son _____ suéteres? (esa/esas/aquellos)   Mariano y Jorge
   _____

6. ¿De quién es _____ bufanda? (esa/aquel/este)   de ustedes
   _____

7. ¿De quién es _____ saco? (ese/esa/eso)   del abuelo
   _____

8. ¿De quién son _____ botas? (estos/estes/esas)   yo
   _____

9. ¿De quién son _____ pañuelos? (estes/estos/eses)   de ella
   _____

10. ¿De quién es _____ maleta? (esta/aquel/esas)   de Omar
    _____

11. ¿De quién es _____ gorro? (ese/esta/esto)   del abuelo

_____

12. ¿De quiénes son _____ chaquetas? (estas/eses/esto)   de Carlos y Javier

_____

La ropa

☞ *Vocabulario*

1. Gorra
2. Calcetín, media
3. Pantalones
4. Gorro, boina
5. Traje de baño, bañador
6. Falda, pollera
7. Ojota, chancleta, chancla
8. Gafas, anteojos
9. Reloj
10. Camisa
11. Vestido
12. Camiseta
13. Camiseta sin mangas
14. Bóxer, calzoncillos
15. Sombrero
16. Zapatos de taco, de tacón
17. Corbata
18. Bufanda
19. Chaqueta, chamarra
20. Sostén, sujetador, corpiño
21. Jersey, suéter, pulóver
22. Corbatín, pajarita, lacito
23. Shorts, pantalones cortos
24. Ropa interior
25. Cartera, bolso, bolsa
26. Botas
27. Guantes, mitones
28. Zapatillas, tenis
29. Cinturón
30. Bikini

Otros
Traje
Zapatos
Sandalias
Blusa
Abrigo
Chaleco

¿Qué tienes puesto hoy?

Hoy tengo puesto un jean negro, una camisa, zapatos de taco negros y un saco blanco.

¿Qué tiene puesto Oscar?

Oscar tiene puesto un traje azul, una camisa celeste, una corbata azul y roja, zapatos de cuero marrones y calcetines azules.

¿Qué tienes puesto? Armar oraciones con el vocabulario dado.

1. Yo/ tener puesto/ vestido/ saco/ zapatos/ marrón/blanco/verde

2. Pedro/ tener puesto/ pantalón/ camisa/ corbata/ azul/celeste/rojo

3. Lucila y yo/ tener puesto/ uniforme de trabajo: falda/ saco/ blusa/ zapatos/ violeta/ rosa/negro

4. Tú/ tener puesto/ pantalón de gimnasia/ camiseta sin mangas/ zapatillas/ blanco/ gris/amarillo

5. Los chicos/ tener puesto/ pantalón corto/ camiseta con mangas largas/ sandalias/ negro/blanco/gris

6. Ustedes/ tener puesto/ bermudas/ suéter/ camisa/ zapatos/ beige/amarillo/celeste/ marrón

7. Yo/ tener puesto/ falda/ polera/ botas/ chaleco/ marrón/turquesa/blanco

8. Martín/ tener puesto/ traje/ camisa/ corbata/ zapatos/ negro/gris/blanco

9. Josefina/ tener puesto/ vestido largo/ zapatos/ blanco

10. Karina/ tener puesto/ disfraz de payaso/ tener una fiesta de disfraces

11. Tu marido/ tener puesto/ traje de baño/ sandalias/ azul/ de cuero

Preposiciones de lugar + hay (haber)

¿Dónde está la computadora?
La computadora está sobre el escritorio.

SOBRE

¿Hay una computadora en el escritorio?
Sí, hay una computadora en el escritorio.

EN

¿Dónde está el escritorio?
El escritorio está contra la pared.

CONTRA

¿Dónde está la radio?
La radio está al lado de la planta.

AL LADO DE

¿Hay una radio al lado de la planta?
Sí, hay una radio.

AL LADO DE

DE + LA = DE LA
DE + EL = DEL
~~DE EL~~

¿Dónde está la regla? DENTRO DE
La regla está dentro del portalápices.

¿Hay estantes encima del escritorio? ENCIMA
Sí, hay tres estantes encima del escritorio.

¿Dónde está el cesto? DEBAJO DE
El cesto está debajo del escritorio

¿Cuánto, cuántos, cuánta o cuántas?

> ¿Cuánto + sustantivo masculino singular?
> *¿Cuánto dinero tienes?*
> ¿Cuántos + sustantivo masculino plural?
> *¿Cuántos perros tienes?*
> ¿Cuánta + sustantivo femenino singular?
> *¿Cuánta paciencia tienes?*
> ¿Cuántas + sustantivo femenino plural?
> *¿Cuántas hermanas tienes?*

¿Cuánt<u>as</u> estrell<u>as</u> hay en el cuadrado?
Hay 3 estrellas en el cuadrado.

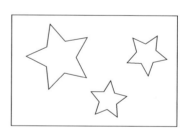

¿Cuánt<u>os</u> triángul<u>os</u> hay en el cuadrado?
Hay dos triángulos en el cuadrado.

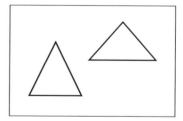

Escribir las respuestas.

1. ¿Hay gente en la oficina?

    Sí, _____

2. ¿Hay manzanas en la heladera?

    No, _____

3. ¿Hay un bar cerca?

    Sí, (2) _____

4. ¿Hay una panadería cerca?

    Sí, (1) _____

5. ¿Hay un hospital en el barrio?

    No, _____

Escribir las preguntas.

1. _____

    No, no hay un restaurante italiano cerca.

2. _____

    Sí, hay 4 chicos afuera.

3. _____

    No, no hay leche en la heladera.

4. _____

    Sí, hay muchos bancos en el barrio.

5. _____

    No, no hay un zoológico en la ciudad.

☞ *¿Cuánto cuesta?*

¿Cuánto cuesta este celular?
Cuesta 300 pesos.
¡Es muy barato!
¿Cuánto cuesta esta computadora?
La computadora cuesta 4000 pesos.
¡Es muy cara!

> ¿Cuánto + verbo?
> ¿Cuánto cuesta?
> ¿Cuánto comes?
> ¿Cuánto bebes?

El celular es barato.   La computadora es cara.
La cámara es barata.   El auto es caro.

El celular es más barato que la computadora.
Los celulares son más baratos que las computadoras.
La cámara es más barata que el auto.
Las cámaras son más baratas que los autos.
La computadora es más cara que el celular.
Las computadoras son más caras que los celulares.

Armar oraciones con el vocabulario dado como en el ejemplo.

Ejemplo: libro de español $20/ libro de francés $30/caro
           El libro de francés es más caro que el libro de español.

1. El café $2/ el té $1/barato

   _____

2. La billetera de cuero $50/ la billetera de plástico $ 10/caro

   _____

3. El reloj de oro $1000/el reloj de plata $ 750/barato

   _____

4. La camisa de seda $ 150/ la camisa de algodón $ 80/caro

   _____

5. Las chaquetas de lana $ 250/ las chaquetas de nylon $ 100/barato

   _____

6. El pasaje de avión $350 / el pasaje de bus $200/ caro

   _____

7. La computadora $150 / la tableta $80/barato

   _____

8. Las empanadas $5/ la pizza $10/caro

   _____

9. El vino tinto $18 / el vino blanco $15 /barato

   _____

10. La docena de rosas $25 /la docena de jazmines $10/caro

    _____

Armar preguntas y respuestas con el vocabulario dado.

Cuánto cuesta	Esta/s	Camisa	Azul	$14
	Esa/s	Pantalones	Verde	$22
	Aquella/s	Zapatos	Negro	$35
	Este/os	Falda	Blanco	$46
	Ese/os	Sombrero	Rosa	$58
Cuánto cuestan	Aquel/los	Suéter	Celeste	$69
	El/ los	Blusa	Violeta	$73
	La/las	Camiseta	Naranja	$84
		Vestido	Amarillo	$99
		Corbata	Gris	$9

Ejemplo: ¿Cuánto cuesta la bufanda?
La bufanda cuesta 33 pesos.

1. _____.
2. _____.
3. _____.
4. _____.
5. _____.
6. _____.
7. _____.
8. _____.
9. _____.
10. _____.

Unir las columnas.

1. ¿Cuánto   casas   hay   para tomar un café?
2. ¿Cuántos   zapatos   tiene   para enseñar a los niños?
3. ¿Cuántas   dinero   hay   en el garaje?
4. ¿Cuánta   paciencia   tienes   Claudia?
5. ¿Cuántas   tiempo   tienen   en este barrio?
6. ¿Cuánto   bicicletas tienes   en el bolsillo?

Armar oraciones usando la comparación: más…que…o menos…que…

1. Juan 60 kg.   Tomás 78 kg.   gordo

   _____

2. María 20 años   Mónica 23 años   joven

   _____

3. Mi abuela   tu abuela   amable

   _____

4. Pantalón   blusa   caro

   _____

5. Mi esposo   tu esposo   alto

   _____

6. Mi nieta   tu sobrina   inteligente

   _____

7. Yo 3 casas   tú 2 casas   tener

8. En el río   en el lago   haber/gente

9. Profesora de inglés   profesora de español   paciencia

10. Mi auto   su auto   rápido

Lectura

Hola, mi nombre es Julieta. Enseño español en CR Languages. Vivo en Boise, pero soy de Buenos Aires, Argentina. Estoy casada y tengo dos hijos. Estudio inglés, francés, portugués, italiano y alemán.

Mi esposo se llama Roger. Él tiene una agencia digital. Roger es americano, de un pequeño pueblo en Idaho llamado Challis. Él habla español, alemán e inglés. Vivimos cerca de la oficina. En nuestro tiempo libre pasamos tiempo con nuestros hijos, vamos a tirar piedras al río, andamos en bicicleta o caminamos por el barrio.

1. ¿Dónde trabaja Julieta?
   _____

2. ¿Cómo se llama su esposo?
   _____

3. ¿De dónde es Roger?
   _____

4. ¿De dónde es Julieta?
   _____

5. ¿De qué trabaja Roger?
   _____

6. ¿Qué hacen cuando tienen tiempo libre?
   _____

REPASO

1. Yo _____ (ir) de vacaciones a la playa.

2. Los perros _____ (estar) nerviosos porque hay mucho ruido.

3. Mañana Alejandra y Gabriel _____ (ir) a ir a ver una obra de teatro.

4. ¿Cuántas sillas _____ en el aula?

5. _____ piernas duelen después de correr. (yo)

6. Buenos Aires es más grande _____ San Francisco.

7. El río Nilo es _____ largo que el Paraná.

8. _____ es mi lugar. (esto/esta/este)

9. Hay _____ gente aquí _____ en el parque.

10. ¿Dónde _____ un supermercado?   Por aquí cerca.

11. ¿Son _____ (estos/estes/estas) tus zapatos?

12. Nosotros _____ (ir) al cine con amigos, ¿quieres venir?

13. Me gusta _____ (de él) camisa, ¿es nueva?

14. Tengo más tiempo _____ dinero.

15. Ignacio va _____ ir con su padre al hospital.

PARTE 6

☞ Lectura

Hola, llegas temprano.
Sí llego temprano porque salgo de casa a las 6.
¿A las 6? ¡Es muy temprano!
Sí, salgo de casa a las 6 porque vivo muy lejos de aquí.
Yo vivo cerca, vengo caminando.
¡Qué suerte tienes! ¿A qué hora sales de tu casa?
Salgo de casa a las 8:50.
¿Vienes y vuelves caminando?
Sí, vengo y vuelvo caminando. ¿A qué hora desayunas?
Desayuno a las 5 de la mañana.
¿A qué hora cenas?
Ceno a las 9 de la noche.
¿A qué hora vas a dormir?
Voy a dormir a las 10.
¡Duermes muy temprano!

Verbo llegar

YO	LLEGO
TÚ	LLEGAS
ÉL/ELLA/USTED	LLEGA
NOSOTROS/NOSOTRAS	LLEGAMOS
USTEDES	LLEGAN
ELLOS	LLEGAN
ELLAS	LLEGAN

LLEGAR + A + LUGAR

Yo llego temprano.
Tú llegas tarde.
Néstor llega a tiempo.

Juliana y yo llegamos a casa.
¿A qué hora llegan ellos?
Llegan a las 10.
Llegan a la casa hoy.
Llegan al apartamento a la noche.

Completar con el vocabulario dado.

1. Llego _____ la oficina _____ las 9.
2. ¿A qué hora _____ tú al aeropuerto?
3. ¿Cuándo _____ tus padres?
4. ¿A qué hora _____ el avión?
5. ¿Por qué llegan _____?
6. No llegamos _____ tiempo. Es tarde.
7. Luciano nunca llega a _____.
8. Los invitados _____ tarde.
9. ¿_____ llegas a casa?
10. ¿A qué _____ llegas a la estación de tren?

Hora
Temprano
A
A
A
Llega
Tiempo
Llegas
Cuándo
LLegan
Llegan

Verbo salir

YO	SALGO
TÚ	SALES
ÉL/ELLA/USTED	SALE
NOSOTROS/NOSOTRAS	SALIMOS
USTEDES	SALEN
ELLOS	SALEN
ELLAS	SALEN

SALIR + DE + LUGAR = ORIGEN

SALIR + PARA + LUGAR = DESTINO

Yo salgo a las 8 de la mañana.
Tú sales de tu casa al mediodía.
¿A qué hora sales de la oficina?
Sergio sale del trabajo a las 6 de la tarde.
Nosotros salimos para París el lunes por la mañana.
¿Cuándo sale el tren para Mar del Plata?
Los niños salen del colegio a las 3 de la tarde.
Salen de vacaciones el domingo por la mañana.
Salgo de la ciudad por unos días.

Completar con el vocabulario dado.

1. ¿A qué hora _____ tú para la oficina?

2. Yo _____ del instituto más tarde.

3. ¿Cuándo salen _____ Madrid?

4. Salimos _____ médico a las 4 de la tarde.

5. ¿Salimos _____ las 3?

6. Ellos salen _____ de las 8.

7. Salimos _____ hotel a las 7.

8. Yo _____ de vacaciones la semana próxima.

9. Mis amigos salen _____ México el lunes 15 de abril.

10. Tú y yo _____ mañana para Caracas.

Del
Sales
Antes
Salgo
Para
A
Salgo
Para
Del
Salimos

Verbo venir

YO	VENGO
TÚ	VIENES
ÉL/ELLA/USTED	VIENE
NOSOTROS/NOSOTRAS	VENIMOS
USTEDES	VIENEN
ELLOS	VIENEN
ELLAS	VIENEN

VENIR + DE + LUGAR = ORIGEN

Yo vengo de la exposición de arte.
¿De dónde vienes a esta hora?
Gonzalo viene de trabajar.
Lucrecia viene del parque.
Nosotros venimos a clase en bus.
¿Ustedes vienen con nosotros?
Ellos vienen sin el perro.
Lucio viene de Bogotá.

Completar con el vocabulario dado.

1. Yo _____ de la casa de Clara.
2. Joaquín viene _____ la oficina.
3. El miércoles vengo _____ las 6.
4. ¿De dónde _____ ustedes a esta hora?
5. Yo _____ a clase en auto.
6. ¿Vienen _____ Tomás?
7. ¿Vienen _____ los invitados?
8. Voy al aeropuerto, Roco y Paz vienen _____ Perú.

Sin
Vengo
De
A
De
Todos
Vengo
Vienen
Venimos
Con

9. Nosotros _____ a las 10 todos los días.

10. Los Rodríguez vienen _____ sus hijos.

Verbo volver

YO	VUELVO
TÚ	VUELVES
ÉL/ELLA/USTED	VUELVE
NOSOTROS/NOSOTRAS	VOLVEMOS
USTEDES	VUELVEN
ELLOS	VUELVEN
ELLAS	VUELVEN

VOLVER + A + LUGAR = DESTINO
VOLVER + DE + LUGAR = ORIGEN

Yo vuelvo el lunes por la noche.
Tú vuelves con Juan.
¿Él vuelve conmigo?
Mabel vuelve de Barcelona el fin de semana.
Nosotros volvemos el jueves 4 de marzo.
¿Ustedes vuelven a casa ahora?
No, volvemos a casa más tarde.

Completar con el vocabulario dado.

1. _____ a las 7 de la mañana.

2. ¿Vuelves _____ Costa Rica?

3. Nosotros _____ en octubre.

4. Él _____ de la oficina a las 5.30

5. Marisa vuelve de vacaciones _____ un novio nuevo.

6. Los niños _____ del colegio todos sucios.

7. ¿A qué hora _____ (ustedes)?

8. Volvemos _____ gimnasio más tarde.

9. Mis padres vuelven _____ su país después de 10 años.

10. Voy al banco y _____ enseguida.

A
A
Vuelvo
Vuelve
Con
Volvemos
Vuelvo
Del
Vuelven
Vuelven

Completar los espacios en blanco con los verbos: volver, venir, salir, llegar y las preposiciones: de/del, a/al, con, sin, para.

1. Salgo _____ Caracas en una semana.

2. _____ a casa después de 20 años.

3. Mis tíos _____ a las 8.

4. Todos los días _____ (nosotros) de casa a las 10 y _____ a las 9 de la noche.

5. ¿_____ con tu novio a la fiesta?

6. Mamá, ¿_____ qué hora llegan los abuelos?

7. Salimos _____ vacaciones en un mes.

8. El vuelo _____ a las 7.30.

9. ¿Por qué vienes _____ tus hijos?

10. Yo _____ a visitarte.

11. Vamos al supermercado y _____ enseguida.

12. – ¿Cuándo vuelves?   – _____ en 5 minutos.

13. ¿_____ dónde sales?

14. ¿_____ dónde vienes?

15. ¿_____ quién sales?

16. ¿Sales _____ tu novia todos los fines de semana?

17. ¿Cuándo _____ el vuelo de Bogotá?

Escribe oraciones usando los verbos: volver, venir, salir, llegar.

Escribe oraciones usando las preposiciones: de, a, con, sin, para.

¿Qué hora es?

1. Es la una.
2. Es la una y diez.
3. Es la una y cuarto.
4. Es la una y media.
5. Son las dos menos cuarto.
6. Son las dos.
7. Son las doce.
8. Son las tres y cuarto.
9. Son las cuatro y veinte.
10. Son las siete menos cuarto.

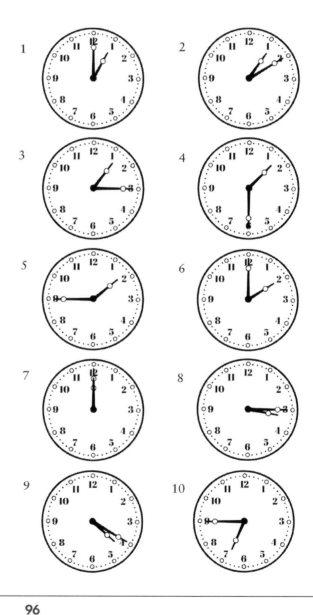

> ## La hora.
>
> ✓ Usamos el artículo 'la' cuando es 'la una'
> ✓ Usamos el verbo ser en tercera persona del singular 'es' cuando es 'la una'
> ✓ Usamos el verbo ser en tercera persona del plural (son) con todos los demás números
> ✓ Usamos la palabra 'y' del minuto 1 (uno) al 30 (treinta)
> ✓ Usamos la palabra 'menos' del minuto 31 al 59
> ✓ Siempre usamos el verbo 'ser' para decir la hora
> ✓ AM = de la mañana o de la madrugada
> ✓ PM = de la tarde o de la noche (cuando está oscuro)
> ✓ 12:00PM: el mediodía
> ✓ 12:00 AM: la medianoche
> ✓ Usamos el sistema horario de 24 horas para citas formales (turnos médicos, reuniones de trabajo, etc.)

Expresiones con la hora.

Es la una <u>en punto.</u> = Es la una <u>clavada.</u>

Son las <u>dos pasadas.</u>

Son <u>casi</u> las tres.

<u>Van a</u> ser las cuatro.

Son las cinco <u>y pico.</u>

El desayuno es <u>a eso de</u> las siete de la mañana.

Otras formas de decir la hora:

3:10PM: Son las tres y diez de la tarde (tres y diez).
            Son las quince diez.

6:50AM   Son las siete menos diez de la mañana (siete menos diez).
            Son las seis y cincuenta (seis cincuenta).
            Diez para las siete.
            Son las dieciocho cincuenta.

Otras formas de preguntar la hora:

¿Tiene hora, por favor?

¿Puede decirme la hora?

¿Puede decirme qué hora es?

> ¡Atención!
> ¿**A** qué hora es la reunión?
> La reunión es **a** las 4 de la tarde.
>
> ¿**A** qué hora es tu clase?
> Mi clase es **a** las 5 de la tarde.
>
> ¿**A** qué hora sale el avión?
> El avión sale **a** las 10 de la noche.

¿Qué hora es? Escribe la hora.

1. 8:00 AM   _____
2. 9:00 PM   _____
3. 11:30 AM _____
4. 12:00 AM _____
5. 12.30 AM _____
6. 1:30 PM   _____
7. 3:10 PM   _____
8. 4:40 PM   _____
9. 5:10 PM   _____
10. 8:25 PM _____
11. 9:35 PM _____
12. 12:00 PM _____

☞ *Diálogo.*

Ana y Raúl

A: Discúlpeme señor, ¿para ir al centro?
R: *Puedes tomar el autobús 23 aquí en la esquina.*
A: Muchas gracias.
R: *¿No eres de aquí?*
A: No, soy de Estados Unidos.
R: *¿Estás aquí de vacaciones?*
A: No, estudio español…
R: *¡Hablas muy bien español!*
A: Muchas gracias.
R: *De nada, hasta luego y suerte.*
A: Hasta luego.

Escribe las preguntas.

1. _____

   Soy de Estados Unidos.

2. _____

   Me llamo Raúl.

3. _____

   Estudio español.

Para pedir información

¿Dónde está el congreso?
Para ir al congreso tienes que caminar derecho 3 cuadras.
¿Cómo voy al museo?
Tienes que caminar 2 cuadras y doblar a la derecha.
Tienes que caminar 2 cuadras y doblar a la izquierda.

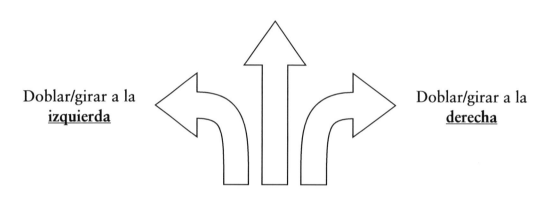

¿Es lejos de aquí?

Sí, es lejos.

¿Es cerca de aquí?

Sí, es muy cerca.

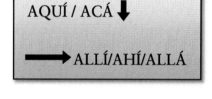

¿Dónde tomo el autobús?

En la próxima cuadra está la parada de autobuses.

¿Dónde tomo el subte?

Tienes que seguir derecho y cruzar el parque. Ahí está la estación de subte.

¿Qué autobús tengo que tomar para ir al centro?

Tienes que tomar el autobús número 6.

Tener + que + infinitivo: obligación

Tengo que ir al centro.

Tienes que tomar el autobús 32.

Tiene que tomar el subte.

Tenemos que caminar porque no hay autobuses.

Tienen que llegar pronto.

Completar los espacios en blanco con el verbo 'tener que + verbo'.

1. Yo _____ un libro de español para clase (leer).

2. Tú _____ en autobús todos los días (viajar).

3. Nuria _____ el autobús por 15 minutos (esperar).

4. Mi madre y yo _____ porque no hay subtes en esta ciudad (caminar).

5. Mis compañeros _____ los boletos para el autobús (comprar).

6. Lamentablemente, no voy a la fiesta porque _____ (estudiar).

7. ¿Tú _____ regalos para toda tu familia? (comprar).

8. Andrés _____ trabajo (buscar).

9. Ellos _____ su casa porque necesitan el dinero (vender).

10. Jimena y Nicolás _____ la fiesta de cumpleaños de su hijo (preparar).

Verbo poder

YO	PUEDO
TÚ	PUEDES
ÉL/ELLA/USTED	PUEDE
NOSOTROS/NOSOTRAS	PODEMOS
USTEDES	PUEDEN
ELLOS	PUEDEN
ELLAS	PUEDEN

¿Puedes cerrar la ventana, por favor?
¿Pueden hablar inglés?
¿Podemos salir más temprano hoy?
Puedo ayudar a Mariel.
Podemos entender.

Completar los espacios con el verbo poder.

1. No _____ (yo) escuchar bien, hay mucho ruido.

2. ¿_____ (tú) venir más temprano mañana? Tenemos mucho trabajo.

3. Tu profesor _____ hablar muy bien español. Habla casi como un nativo.

4. ¿_____ (ustedes) llevar estas cajas al correo, por favor?

5. ¿_____ (yo) cerrar la ventana?

6. _____ (nosotros) llamar un taxi.

7. ¡No _____ (yo) dormir, estoy muy nerviosa!

8. Mi hija no _____ comer queso porque es alérgica.

9. ¿_____ (nosotros) mirar la tele, mamá?

10. No _____ (ellos) viajar sin pasaporte.

Verbo saber

YO	SÉ
TÚ	SABES
ÉL/ELLA/USTED	SABE
NOSOTROS/NOSOTRAS	SABEMOS
USTEDES	SABEN
ELLOS	SABEN
ELLAS	SABEN

Yo no sé la respuesta.
¿Sabes dónde está la biblioteca?
¿Sabe qué autobús va al centro?
¿Sabes a qué hora es el concierto?
Sé jugar al tenis.
Sabemos cocinar.

Completar los espacios con el verbo saber.

1. ¿_____ tú dónde está el estadio de fútbol?

2. No, no _____ (yo). No soy de aquí.

3. Ellos _____ a qué hora es el concierto.

4. ¿_____ (ustedes) cuál es la capital de Perú?

5. Sí _____ (nosotros), es Lima.

6. ¿_____ (tú) quién es esa señora?

7. No _____ (yo), no tengo idea.

8. Ernesto no _____ que sus padres regresan hoy.

9. Lucas y Martín _____ que aquí no se puede fumar.

10. ¿_____ (ustedes) dónde está el baño?

Escribe oraciones con la información dada.

Ejemplo: ¿Es lejos el restaurante Miraflores?
Sí/tener que tomar el autobús/ Estar a 20 cuadras de aquí.
Sí, es lejos. Tienes que tomar el autobús porque está a 20 cuadras de aquí

1. ¿Es cerca de aquí la catedral?
   No/tener que tomar un taxi/estar a 30 cuadras de aquí.

2. ¿Es lejos de aquí el banco internacional?
   No/cerca/caminar 3 cuadras/derecho

3. ¿Dónde tomo el subte?
   Caminar/3 cuadras/doblar a la derecha.

4. ¿Qué autobús tengo que tomar para ir al barrio antiguo?
   Caminar/derecho/6 cuadras/autobús 12.

5. ¿Sabe dónde está el parque Palermo?
   No/saber/no ser de aquí.

Completar según el texto.

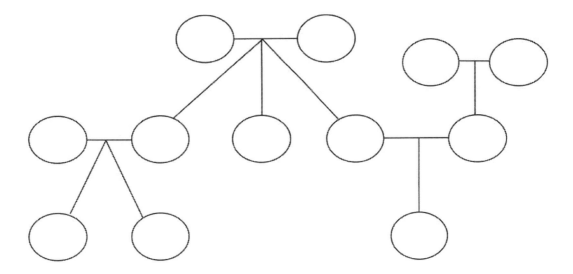

Raúl y Estela tienen 2 hijos y 1 hija. Pablo es el hijo mayor. Está casado con Rosa y tienen 2 hijos. Los nietos de Raúl y Estela se llaman Mariano, José y Víctor. Mariano y José son hermanos.

Miriam es la hija del medio y es soltera.

El hijo menor se llama Javier y está casado con Eloísa.

Los padres de Eloísa se llaman Guillermo y Carina.

Los suegros de Javier se llevan muy bien con los suegros de Eloísa.

Raúl y Estela se llevan bien con sus dos nueras. No tienen yerno porque su hija es soltera.

Los primos se llevan bien entre sí, pero a veces pelean. Siempre quieren ir a la casa de sus tíos.

Miriam adora a sus sobrinos.

1. Raúl y Estela tienen 3 _____.

2. Pablo, Miriam y Javier son _____.

3. Miriam es la _____ de Pablo y Javier.

4. Pablo es el _____ de Miriam.

5. Raúl y Estela son los _____ de Mariano, José y Víctor.

6. José es el _____ de Raúl y Estela.

7. Miriam es la _____ de Mariano.

8. Mariano y Víctor son _____.

9. Raúl y Estela son los _____ de Eloísa.

10. Javier es el _____ de Guillermo.

11. Rosa es la _____ de Raúl y Estela.

12. Víctor es el _____ de Miriam.

Tiempo libre

☞ *Diálogo.*

¿Qué haces cuando tienes tiempo libre?

Trabajo mucho entonces no tengo mucho tiempo libre.

Cuando tienes tiempo libre, ¿qué haces?

Casi siempre estoy en casa con mi familia. A veces vienen amigos a cenar a casa.

¿Practicas algún deporte?

Sí, de vez en cuando juego al fútbol.

¿Tienes tiempo para ir al cine?

Sí, los domingos por lo general vamos al cine.

¿Vas a bailar seguido?

No, no voy muy seguido. A veces voy a tomar algo o a cenar afuera.

¿Y al teatro, vas?

No, nunca voy al teatro.

¿Qué haces en tu tiempo libre?

Ir al cine/ir al teatro.
Mirar la tele.
Escuchar música.
Hacer/practicar un deporte.
Leer un libro.
Ir a comer afuera.
Ir a tomar algo.
Ir a bailar.
Alquilar una película.
Ir a un concierto.
Jugar al tenis/ al fútbol.

Invitar	Aceptar una invitación	Rechazar una invitación
¿Quieres ir al cine? ¿Vamos a cenar? ¿Vienes con nosotros a bailar?	¡Sí, claro! Muy buena idea. ¡Por supuesto!	Lamentablemente no puedo. Qué lástima...no tengo tiempo. Lo siento, pero tengo que estudiar. Gracias, pero estoy ocupado/a

¿Quieres ir al cine?

✓ *¡Sí, claro! ¿Qué película?*
X *Qué lástima, tengo que estudiar...*

¿Vamos a bailar el sábado a la noche?

X *Gracias, pero tengo otra cita.*
✓ *Yo quiero ir, ¿quieres ir conmigo?*

¡Verbo QUERER!

Yo *quiero*
Tú *quieres*
Él/Ella/Usted *quiere*
Nosotros/as *queremos*
Ustedes *quieren*
Ellos *quieren*
Ellas *quieren*

¿Y Pedro, qué hace? Completar.

	Siempre	Seguido	A veces	De vez en cuando	Casi nunca	Nunca/ Jamás
Ir al cine						
Ir al teatro					x	
Mirar la tele	x					
Escuchar música	x					
Practicar deportes						x
Leer un libro					x	
Ir a comer afuera	x					
Ir a tomar algo	x					
Ir a bailar	x					
Alquilar una película				x		
Ir a un concierto			x			

Ejemplo: *Pedro casi nunca va al teatro. Siempre…*

_____
_____
_____
_____
_____
_____
_____
_____
_____

¿Y tú, qué haces en tu tiempo libre?

Verbos irregulares como jugar

YO	J<u>UE</u>GO
TÚ	J<u>UE</u>GAS
ÉL/ELLA/USTED	J<u>UE</u>GA
NOSOTROS/NOSOTRAS	JUGAMOS*
USTEDES	J<u>UE</u>GAN
ELLOS	J<u>UE</u>GAN
ELLAS	J<u>UE</u>GAN

*REGULAR

> ¡Atención!
> ~~JUGAR~~ + INSTRUMENTO
> TOCAR
> *Yo toco la guitarra.*
> *Tú tocas el violín.*

Responder.

1. ¿Juegas a las cartas? (Sí)
   _____

2. ¿Juegan al fútbol Nicolás y Diego? (Sí)
   _____

3. ¿Juegas al golf este fin de semana? (No)
   _____

4. ¿Juegan tus padres al tenis? (Sí)
   _____

5. ¿Jugamos a algo? (Sí)
   _____

Cuál/Cuáles

¿Cuál es tu deporte preferido?
Mi deporte preferido es la natación.
¿Cuál es tu libro preferido?
Mi libro preferido es "Crimen y Castigo".
¿Cuál es tu comida preferida?
Mi comida preferida es pasta.
¿Cuáles son tus películas preferidas?
Mis películas preferidas son "Danza con lobos" y "Volver al futuro".

Responde.

1. ¿Cuál es tu libro preferido?

   _____

2. ¿Cuál es tu película preferida?

   _____

3. ¿Quién es tu actor preferido?

   _____

4. ¿Cuáles son tus deportes preferidos?

   _____

5. ¿Cuál es tu día preferido?

   _____

6. ¿Cuál es tu nombre?

   _____

7. ¿Cuál es tu comida preferida?

   _____

8. ¿Cuál es tu postre preferido?

   _____

Verbo gustar

GUSTAR + VERBO EN INFINITIVO		
(A mí)	ME GUSTA	cocinar.
(A ti)	TE GUSTA	leer.
(A él)	LE GUSTA	esquiar.
(A ella)	LE GUSTA	ir al cine.
(A usted)	LE GUSTA	amasar pasta.
(A Juan)	LE GUSTA	mirar la tele.
(A Teresa)	LE GUSTA	correr por el parque.
(A nosotros)	NOS GUSTA	estudiar alemán.
(A ustedes)	LES GUSTA	nadar en el mar
(A Leo y a Pablo)	LES GUSTA	jugar al ajedrez.

A ti, ¿te gusta esquiar?

✓ *Sí, me gusta.*
✗ *A mí no me gusta.*

A Miguel, ¿le gusta cocinar?

✗ *No, no le gusta.*
✓ *A Romina le gusta mucho.*

A tus hijos, ¿les gusta ir al colegio?

✗ *No, no les gusta.*

Responde las siguientes preguntas.

1. ¿Te gusta limpiar la casa? (no)
   _____

2. A Manuel, ¿le gusta ir al supermercado? (sí)
   _____

3. A tus padres, ¿les gusta trabajar en el jardín? (sí)
   _____

4. A tu hermano, ¿le gusta pintar la casa? (no)
   _____

5. A Mónica, ¿le gusta lavar la ropa? (no)
   _____

6. A Rodrigo y a Sebastián, ¿les gusta ir al teatro? (sí)
   _____

7. A ti, ¿te gusta estudiar español?
   _____

8. ¿Te gusta dormir la siesta?
   _____

9. ¿Te gusta comer postres?
   _____

10. ¿Te gusta leer?
    _____

11. ¿Te gusta recibir regalos?
    _____

12. ¿Te gusta mirar la tele?
    _____

GUSTAR + SUSTANTIVO SINGULAR
GUSTAR + SUSTANTIVO PLURAL

ME GUSTA	el chocolate.
ME GUSTAN	los chocolates.
TE GUSTA	la ropa.
TE GUSTAN	los zapatos.
LE GUSTA	la comida italiana.
LE GUSTAN	las comidas que prepara su madre.
NOS GUSTA	el cine francés.
NOS GUSTAN	las películas francesas.
LES GUSTA	el coche de Ana.
LES GUSTAN	los coches importados.

Completar los espacios en blanco con el pronombre que corresponda: me, te, le, nos, les.

1. A mí _____ gusta nadar en el río.

2. A mi mamá _____ gusta tomar sol.

3. A mi perro _____ gusta la carne.

4. A mis nietos _____ gusta ir al parque.

5. ¿A ustedes, _____ gusta el vino tinto?

6. A los hijos de Rubén _____ gusta ir a la playa.

7. A ti _____ gusta visitar a tus abuelos.

8. A nosotros _____ gusta el helado casero.

Completar con gusta/gustan.

1. Me _____ las historias de amor.

2. Te _____ las novelas de ficción.

3. Le _____ los edificios antiguos.

4. Les _____ la casa de la esquina.

5. Nos _____ las botas de cuero.

6. No le _____ los muebles nuevos.

7. No me _____ los gatos.

8. No te _____ el zoológico.

9. A Pedro le _____ las fotos del viaje.

10. A mis amigos les _____ la comida china.

También y tampoco

Oración afirmativa: +

Me gusta este libro.
A mí también me gusta.

Yo tomo cerveza.
Yo *también*.

Oración negativa: –

No me gustan estos vestidos.
A mí tampoco me gustan.

Yo no tomo vino.
Yo *tampoco*.

+ Repuesta afirmativa=
TAMBIÉN

– Repuesta negativa=
TAMPOCO

Responde como en el ejemplo.

Ejemplo: Yo soy vegetariana. (+)　　　　(+) afirmativa
　　　　　Yo también.　　　　　　　　　(−) negativa

1. Vivo en Nueva York. (+)

   _____

2. Edgardo no come verduras. ¿Y Joaquín? (−)

   _____

3. No tenemos tiempo, tenemos que irnos. ¿Y Marga? (−)

   _____

4. Quiero mucho a mi perro. ¿Y tú? (+)

   _____

5. No me gusta el mar. ¿Y a Luis? (−)

   _____

6. En casa no miramos la tele. ¿Y ustedes? (−)

   _____

7. Nunca jugamos a las cartas. ¿Y tú? (−)

   _____

8. Mis hijos estudian todas las tardes. ¿Y tus hijos? (+)

   _____

9. A veces comemos pizza. ¿Y Juliana? (+)

   _____

10. No hablo japonés. ¿Y tú? (−)

    _____

☞ *Diálogo.*

Carlos y Josefina.

C: Josefina, ¿te gusta la nueva película de Darín?

J: *¡Sí! Me gusta mucho. Es muy buena. A ti, ¿qué te parece?*

C: Me parece buena, pero un poco larga.

J: *¿Cómo larga?*

C: Es un poco lenta.

J: *Entonces no te gusta.*

C: Sí, me gusta, pero no me gusta mucho.

J: *Yo creo que es muy buena. ¿La música te gusta?*

C: Un poco.

J: *¿No te gusta la música? ¡Es muy original!*

C: Sí, es original, pero un poco aburrida…

J: *¿Te gusta la fotografía?*

C: No mucho.

J: *La película te parece lenta, la música aburrida, la fotografía no te gusta… ¿Por qué dices que te gusta entonces?*

C: Porque si digo que no me gusta, vas a enojarte.

J: *¿Para qué vamos al cine si no te gusta?*

C: Me gusta mucho ir al cine y no puedo saber si la película es buena o mala antes de verla.

J: *¡A ti nunca te gusta nada!*

C: Tienes razón, como siempre.

¡Verbo PENSAR!
Yo *pienso*
Tú *piensas*
Él/Ella/Usted *piensa*
Nosotros pensamos
Ustedes *piensan*
Ellos *piensan*
Ellas *piensan*

¡Verbo DECIR!
Yo *digo*
Tú *dices*
Él/Ella/Usted *dice*
Nosotros decimos
Ustedes *dicen*
Ellos *dicen*
Ellas *dicen*

Responde.

1. ¿Qué piensa Carlos de la película?
   _____

2. ¿Le gusta la música a Carlos?
   _____

3. ¿Qué piensa Josefina de la música?
   _____

4. ¿Le gusta a Carlos la fotografía?
   _____

5. ¿Qué piensa Josefina de Carlos?
   _____

6. ¿Qué piensa Carlos de Josefina?
   _____

Mucho/poco

Comemos mucho los fines de semana.
Trabajo poco los lunes.
Estudia mucho en la universidad.
Habla poco con sus padres.

MUCHO/POCO
+
VERBO =
NO CAMBIA

Hay much**a** gente en el parque. (L**a** gente)
Hay much**os** niños en el parque. (L**os** niños)
No tengo much**o** tiempo. (**El** tiempo)
Much**as** personas estudian español. (L**as** personas)

MUCHO/POCO
+
SUSTANTIVO =
CAMBIA

Completa los espacios en blanco con 'mucho, muchas, etc., poco, pocos, etc.'

1. Tengo _____ tiempo libre esta semana.

2. ¿Sacas _____ fotos en tu viaje?

3. Oscar trabaja _____ de lunes a viernes.

4. No tengo _____ amigos.

5. ¿Estudian _____ los chicos?

    No, realmente estudian _____.

6. ¿Tenemos que estudiar _____ para hablar bien francés?

7. Vendemos _____ hoy, necesitamos vender más.

8. ¿Compras mucha ropa?

    No, compro _____ porque no tengo _____ dinero.

9. En invierno las gallinas ponen _____ huevos.

10. Jimena habla _____. ¡Habla todo el día sin parar!

Bien/bueno/malo/mal

Hablas bien español. ¿Dónde estudias?

Estudio en un instituto privado. Tú también hablas muy bien.

No, mi español es malo.

¿Por qué dices que tu español es malo?

Porque no sé usar 'bien' y 'bueno'.

Es fácil: usamos 'bueno' con un sustantivo, por ejemplo, el perro bueno, el niño bueno, la mujer buena.

¿Y 'bien'?

Usamos 'bien' con verbos. Tú hablas 'bien' español, yo juego bien al tenis, ¿comprendes bien?

Ah, gracias, ahora comprendo.

Bueno/Buenos/Buena/Buenas

Mi amigo Leandro es bueno.
¿Cómo es tu marido? Él es muy bueno.
Los celulares son buenos.
La película es buena.
Esas computadoras son buenas.

Buen

Leandro es un BUEN amigo.
Jorge es un buen marido.
Ricardo es un buen estudiante.

Completar los espacios en blanco con buen, bueno, buenos, buena, buenas.

1. Me gusta la obra de teatro. Es una obra muy _____.

2. El hotel es _____.

3. Es un _____ hotel.

4. Ese libro es _____.

5. La ropa tiene que ser de _____ calidad.

6. La clase de francés es _____. Me gusta mucho.

7. El profesor no es _____.

8. Es un _____ profesor.

9. ¿El vino es _____?

10. Tengo _____ noticias.

11. Este es un _____ ejemplo.

12. Carlos no es un ejemplo _____ para sus hijos.

Bien

René trabaja bien.
El auto funciona bien.
El coro de la iglesia canta bien.
¿Cómo estás? Muy bien, gracias.
Oscar es pintor. Pinta muy bien.

Completar los espacios en blanco con buen, bueno, buenos, buena, buenas, bien.

1. Brenda canta muy _____.

2. El perro de Tomás es _____ con los niños.

3. Tamara es una _____ persona.

4. La comida de este restaurante es _____.

5. El concurso es _____. Todos bailan _____.

6. Él juega _____ al tenis porque es un jugador profesional.

7. Mi abuela cocina muy _____.

8. José es un _____ chico, siempre quiere ayudar.

9. ¿Cómo estás?

    Muy _____, gracias.

10. ¡Es una _____ idea!

Malo/Malos/Mala/Malas

Mi crédito es malo.
Yo tengo mala memoria. Nunca recuerdo nada.
La película es muy mala, muy aburrida.
Mi madre tiene mala circulación.
No quiero escuchar malas noticias, hoy estoy contenta.

Completar los espacios en blanco con malo, mala, malos, malas.

1. El trabajo no es _____, simplemente no me gusta.

2. Ester es una _____ persona. No quiero hablar con ella.

3. Es una _____ idea jugar con armas.

4. Las amigas de Micaela son _____, no quieren prestar sus juguetes.

5. La cámara de fotos es _____ porque es vieja.

6. El cigarrillo es _____ para la salud.

7. Tiene cara de _____, pero en realidad es muy buena.

8. Ellos tienen _____ intenciones, no confío en ellos.

9. No me gusta la comida de _____ calidad.

10. Los resultados de los exámenes son _____.

Mal (adjetivo)

Hay mal olor.
Si hay mal tiempo, no hacemos la fiesta.
Es un mal ejemplo para los niños.

Completar los espacios en blanco con malo, mala, malos, malas, mal (adjetivo).

1. Hoy tengo un _____ día.

2. Marcos es un _____ compañero de trabajo.

3. Tienes que cambiar los _____ hábitos.

4. Mi presentación es _____. Mi jefe está decepcionado.

5. La actriz es _____.

6. A veces los medicamentos tienen _____ efectos.

7. ¿Es verdad que no hay perros _____?

8. Vamos a ignorar los _____ comentarios.

9. Leticia tiene _____ suerte.

10. Tenemos _____ vecinos. Se quejan todo el día.

Mal (adverbio)

¡Qué mal hablan!
Escriben muy mal, deben estudiar más.
Lee mal porque tiene un problema.

<u>Completar los espacios en blanco con malo, mala, malos, malas, mal (adjetivo), mal (adverbio).</u>

1. ¿Existe la _____ suerte?

2. La envidia es _____ para la salud.

3. Es un _____ ejemplo fumar delante de tus hijos.

4. El libro es _____, no lo recomiendo.

5. Mi hijo tiene _____ notas en el colegio.

6. El jugo es _____. Creo que es artificial.

7. Mumi es un _____ gato, rompe todos los muebles de la casa.

8. No sé si Alberto es bueno o _____.

9. ¡Qué terrible, que _____ que canta tu hermana!

10. No tienes que beber mucho café, es muy _____.

Posesivos largos

Mío, mía, míos, mías. (YO)

Es mi casa.	La casa es mía.
Son mis casas.	Las casas son mías.
Es mi trabajo.	El trabajo es mío.
Son mis trabajos.	Los trabajos son míos.

> **¡Atención!**
> Los posesivos largos:
> ✓ Van detrás del sustantivo.
> ✓ Tienen el mismo género y número del sustantivo (y no de la persona).

Tuyo, tuya, tuyos, tuyas. (TÚ)

Es tu auto.	El auto es tuyo.
Son tus autos.	Los autos son tuyos.
Es tu computadora.	La computadora es tuya.
Son tus computadoras.	Las computadoras son tuyas.

Suyo, suya, suyos, suyas. (ÉL, ELLA, USTED)

Es su problema.	El problema es suyo.
Son sus problemas.	Los problemas son suyos.
Es su maleta.	La maleta es suya.
Son sus maletas.	Las maletas son suyas.

Nuestro, nuestra, nuestros, nuestras. (NOSOTROS, NOSOTRAS)

Es nuestro perro.	El perro es nuestro.
Son nuestros perros.	Los perros son nuestros.
Es nuestra idea.	La idea es nuestra.
Son nuestras ideas.	Las ideas son nuestras.

Suyo, suya, suyos, suyas. (USTEDES, ELLOS, ELLAS)

Es su proyecto.	El proyecto es suyo.
Son sus proyectos.	Los proyectos son suyos.
Es su mochila.	La mochila es suya.
Son sus mochilas.	Las mochilas son suyas.

Completar los espacios en blanco con el posesivo largo que corresponda.

1. Ese reloj es _____. (yo)

2. Estos aros son _____. (tú)

3. El anillo es _____. (de María)

4. Aquel lugar es _____. (de Mario)

5. El caballo es _____. (de nosotros)

6. La película es _____. (de mis padres)

7. El vestido es _____. (de la novia)

8. Cecilia es una amiga _____. (yo)

9. Marcelo es un compañero de trabajo _____. (de mi primo)

10. El negocio es _____. (de nosotros)

11. Esas carpetas son _____. (de ustedes)

12. ¿Esas fotos son _____? (tú)

Verbos saber y conocer

YO	SÉ	CONOZCO
TÚ	SABES	CONOCES
ÉL/ELLA/USTED	SABE	CONOCE
NOSOTROS/NOSOTRAS	SABEMOS	CONOCEMOS
USTEDES	SABEN	CONOCEN
ELLOS	SABEN	CONOCEN
ELLAS	SABEN	CONOCEN

Saber + Información

¿Sabes cuándo es el cumpleaños de Lorena?

Ellos saben la dirección y el número de teléfono.

Conocer + A + Persona

Yo conozco al profesor Gallego.

Tú conoces a mi madre.

Conocer + Lugar

Héctor conoce Chicago.

Yo conozco este lugar.

Responde las siguientes preguntas usando saber o conocer.

1. ¿Conoces a Esteban Macri? (sí)

   _____

2. ¿Sabes dónde están las llaves del auto? (no)

   _____

3. ¿Tu familia conoce Ecuador? (no)

   _____

4. ¿Saben a qué hora es la fiesta? (sí)

   _____

5. ¿Sabes tu número de teléfono de memoria? (sí)

   _____

6. ¿Sabe dónde es la reunión? (no)

   _____

7. ¿Conoces a los estudiantes nuevos? (no)

   _____

Completar los espacios en blanco con saber y conocer.

1. ¿Tú _____ al novio de tu hija?

2. ¿_____ ustedes cuándo llega Luisa?

3. ¿_____ los chicos este bar?

4. _____ a los padres de los niños.

5. ¿_____ tú a qué hora sale el avión?

   Sí, _____.

6. El sábado voy a _____ a Patricia.

7. ¿_____ (ellos) Nueva York?

8. _____ (nosotros) la verdad.

9. No _____ qué pasa.

10. No _____ (yo) a nadie aquí.

Entradas

Empanadas	$1
Arepa con queso	$2

Sopas del día

Sopa de cebolla	$5
Sopa de tomate y queso	$7

Especialidades de la casa

Bistec a la plancha con ensalada	$15
Pechuga de pollo a la parrilla con frijoles, arroz y papa	$22
Chuleta de cerdo a la plancha	$18
Chuleta de cerdo empanizada, arroz y frijoles	$24
Bistec a caballo	$20
Hígado a la plancha y papas fritas	$17

Postres

Flan casero	$5
Arroz con leche	$7
Queso con frutas	$10
Helados	$3,50

Bebidas

Cerveza	$5
Botella de vino	$15
Copa de vino	$7
Gaseosas/sodas	$3,50
Limonada	$2
Jugos de fruta	$4,50
Agua mineral con y sin gas	$2

☞ *Diálogo.*

En el restaurante   CA: camarero   CL: cliente

CA: Buenas noches, señor.
CL: *Buenas noches. ¿Puedo ver una carta, por favor?*
CA: Sí, aquí tiene.
CL: *Gracias.*
***
CA: ¿Ya sabe qué va a comer?
CL: *Creo que sí.*
CA: ¿De entrada?
CL: *De entrada quiero 2 empanadas de carne.*
CA: Muy bien, ¿algo para tomar?
CL: *Sí, una copa de vino.*
CA: ¿Vino tinto o vino blanco?
CL: *Vino tinto de la casa.*
CA: Muy bien. ¿Desea ordenar algo más?
CL: *Como plato principal quiero un bistec a la plancha con ensalada.*
CA: ¿Ensalada mixta?
CL: *Ensalada de lechuga, tomate y cebolla.*
CA: Perfecto, ya le traigo su pedido.
***
CA: Señor, aquí están sus empanadas y su vino.
CL: *Muchas gracias.*
CA: ¡Buen provecho!
***
CA: ¿Cómo estuvo todo?
CL: *Muy bien, muy rico.*
CA: ¿Va a comer postre? ¿Un café?
CL: *No, café no, pero me gustaría probar el flan. ¿Es casero?*
CA: Sí señor, es casero.
CL: *Bueno, entonces un flan y la cuenta, por favor.*
CA: Como no.

Responde las siguientes preguntas.

1. ¿Dónde está el señor?
   _____

2. ¿Qué ordena para beber?
   _____

3. ¿Y para comer?
   _____

4. ¿Come postre?
   _____

5. ¿Bebe café?
   _____

Futuro. Responde las preguntas en forma personal.

1. ¿Qué vas a hacer más tarde?
   _____

2. ¿Qué vas a hacer mañana?
   _____

3. ¿Qué vas a hacer el fin de semana?
   _____

4. ¿Qué vas a hacer la semana próxima?
   _____

5. ¿Vas a viajar pronto?
   _____

6. ¿Vas a trabajar mañana?
   _____

REPASO

1. – ¿Qué hora _____?   – _____ las 2.

2. _____ las 3 _____ la tarde.

3. – ¿A qué hora tienes clase de español?   – _____ las 5.

4. ¿_____ es tu color preferido?

5. – Me gusta jugar al golf.   – _____ también.

6. ¿A Oscar _____ le gusta la comida?

7. – ¿Qué desea _____?   – Una copa de vino tinto, por favor.

8. Quiero _____ una ensalada mixta.

9. ¿Les _____ el postre?

10. _____ a navegar el próximo fin de semana.

11. No me gusta el invierno, prefiero la _____.

12. Yo _____ (escribir) más de 40 emails por día.

13. _____ (correr/nosotros) todos los días 2 kilómetros.

14. ¿_____ al cine esta noche?

15. Este es _____ problema y no mío.

Made in the USA
Las Vegas, NV
22 October 2021